www.ingramcontent.com/pod-product-compliance
Lightning Source LLC
Chambersburg PA
CBHW040143160726
48006CB00014B/1603

به نام خدا

آئینه

دکتر فلور طاهر تهرانی (خاوردخت)

آئینه

مؤلف: دکتر فلور طاهر تهرانی

ناشر: مؤلف

قطع: وزیری

موضوع: شعر فارسی

نوبت چاپ: اول

ISBN: 979-8-3306-3095-0

فهرست

خلاصهٔ زندگینامهٔ شاعر:

دکتر فلور طاهر تهرانی زاده و پرورش یافته در شهر تهران در ایران است. او با خانوادهٔ اش، ساکن کالیفرنیا در ایالات متّحدهٔ آمریکاست. دکتر تهرانی دارای درجهٔ لیسانس مهندسی برق از دانشگاه صنعتی آریامهر (شریف) در تهران و درجات فوق لیسانس و دکترا در مهندسی برق از دانشگاه لندن در انگلستان می باشد. او در حال حاضر استاد مهندسی برق در دانشگاه ایالتی کالیفرنیا در فولرتن آمریکاست. دکتر تهرانی مقالات علمی بسیار در زمینه های مهندسی پزشکی، ریاضیات و فیزیک منتشر کرده است. او به تنهایی دارای سیزده اختراع به ثبت رسیده در رشتهٔ مهندسی پزشکی می باشد. او مخترع اولین مانیتور متابولیک بر اساس عملکرد قلب و اولین سیستم تهویه خودکار ICU در جهان است.

تعدادی از اختراعات او در زمرهٔ پیشرفته ترین دستگاه های تنفّس مصنوعی و تأمین اکسیژن در بخشهای مراقبت ویژهٔ بیماران در بیمارستانهای جهان مورد استفاده اند. او داور بسیاری مقالات و کتب علمی بوده و به عنوان داور دعوت شده برای چندین مؤسسه تأمین مالی تحقیقاتی ایالات متّحده از جمله مؤسسه ملی بهداشت (NIH) و بنیاد ملی علوم (NSF) خدمت کرده است. او در ناسا (NASA) نیز خدمت نموده و جوایز بسیار برای تحقیقات علمی خود دریافت کرده است. دکتر تهرانی عضو عالی رتبه مادام العمر آکادمی ملی مخترعان، NAI، عضو عالی رتبه موسسه

مهندسی و فناوری (IET)، عضو عالی رتبه موسسه پیشرفت مهندسی، و عضو ملی مادام العمر زنان فارغ التحصیل در علوم GWIS) می باشد. دکتر تهرانی همواره علاقه سرشاری به شعر و ادب پارسی داشته و شاعر است. او تا به امروز چهار کتاب شعر فارسی منتشر نموده است. اولین دفتر شعر او با عنوان «بهاری دیگر» توسط انتشارات روانشناسی و هنر در ایران در سال 2012 منتشر شد. کتاب دوم او با عنوان «پرنده مسافر» و کتاب سوم «شقایق» توسط Amazon.com به ترتیب در سالهای 2014 و 2018 منتشر گردیده اند. نام قلمی شعری دکتر تهرانی خاوردخت می باشد.

مجموعه ای که در دست دارید چهارمین کتاب شعر اوست . برگ سبز یست که به دوستداران شعر و ادب پارسی عرضه میگردد.

آتش بی پروا

خوش آن آتش که بی پروا بسوزد / دل افسردگان را بر فروزد

جلا و جلوهٔ رنگین کنانی / که افروزد سپهر جاودانی

ندای هدهدی کز باغ خیزد / به سختی ها و نومیدی ستیزد

خروشان رود زیبای روانی / شتابد کو به سوی بی کرانی

گل سرخی که در صبحی گشاید / چو یاقوتی جمال خود نماید

خوش آن رندی که دنیا سخره گیرد / جهان بی تعلّق را پذیرد

رها گردد ز رنج خودپرستی / ز آلام و زحمت های هستی

خوش آن پروانه ای کو پر بگیرد / به پای شمع سوزانش بمیرد

پرد تا زندگی در او زند جوش / بسوزد در بر دلبر هم آغوش

خوش آن عاشق که سر دریای دلبر / نهد در جاودان شاد دگر سر

بگیرد جام می مستانه گردد   مسیر بیخودی را در نوردد

لبان دلبر خود را کند نوش   کند بیهودگی ها را فراموش

خوش آن مستانه کو دردش رها کرد   به جام می غمان خود دوا کرد

بچرخید و تکانید او غمان را   همه آلام و رنج این جهان را

ره رنگین کمان پوئید و پیمود   ازین دنیای بی حاصل بیاسود

آتش خشم

به دنبال خودسوزی یک بانوی ایرانی (سحر خدایاری) در اعتراض به قوانین زن ستیزانه در جمهوری اسلامی سروده شد، سپتامبر 2019

فریاد برکشید که انصافتان کجاست   این جور بی حساب به من از چه رو رواست

بینش گر مسابقهٔ ورزشی شدم   آزار و حبس من به چه جرم و چه ماجراست

می سوزم از شرار ستم در دیار ظلم   افغان من روانهٔ آن عرش کبریاست

تا کی ز حرف زور بنالم شبانه روز   تا کی ز شیخ بی هنری داد من به پاست

در چشم شیخ زن نبود جز کنیزکی   از بهر بی خرد سخن راست برهواست

زن در دیار جور ندارد حقوق خود   محکوم امر قاضی بی رحم پرریاست

فریاد من شنو که بسوزم درین مکان   ای مرد و زن که هستیم از جور بر فاست

در شعله سوختم که بدانی که من زنم   انسانم ای بشرره و رسم تو پر خطاست

تا کی هر آنچه ظلم ببینی روا به من   پنهان کنی و باز بگویی که ادّعاست

از جسم من زبانه کشد شعله های خشم   فریاد حقّ خود زده ام بی کمی و کاست

من شاهکار خلقتم و ره برم به دوست   خاکستری ز کالبد من فقط به جاست

بشنو ولی که زن نبود ملک و برده ات   ای بی خبر بدان که نبرد تو با خداست

آتش فروز

دلا تا کی به جان آتش فروزی | چرا در سینهٔ سردم بسوزی
ندیدی در خم چرخ زمانه | تو نقشی از شراری عاشقانه
شکستی ساکت اندر کنج سینه | پر از مهر و بری از کبر و کینه
بسی آزردی از آلام گردون | بسی گردیدی از جورش دگرگون
به ره افتادی و استادی از نو | به کوشش بس گره بگشادی از نو
درین ره گران عشقی نبودت | شراری کو بسوزاند وجودت
برفتی در ره و دنیا ندیدی | ز باغ زندگانی گل نچیدی
بدیدی عاشقان در فکر یاران | بسی شوریدگان و کامکاران
ولیکن حسرتی در جان نبودت | ازین بی حاصلی حرمان نبودت
کنون بر من بتازی و بشوری | که بهر تو نبود عشقی، سروری

بکوبی سینه ام با مشت و فریاد بکوبی ای ستمگر بردی از یاد

دل خود را و کشتی آتش او شرار گرم عشق دلکش او

کنون خواهی شراب عشق، هستی که برپا خیزی و رقصی زمستی

سلامی تازه بر گیتی رسانی به باغ زندگی گلها فشانی

بگیری ساغر و مستانه گردی جسورانه به پا خیزی بگردی

بسوئی راه هستی عاشقانه بگیری کام خود از این زمانه

ندانم ای دل شیدا چه گویم کدامین ره بپویم، چاره جویم

اگر با عشق تو هم ساز کردم اگر با میل تو دم ساز کردم

بسی سختی به راهت بینم ای دل بباید عقل خود بر چینم ای دل

بسی حیرانم و دیگر ندانم کجا در زندگی یابم نشانم

بود یزدان اگر ره را نماید که نور زندگی بر من برآید

به گرمی بندگان خود کند یاد   ز نور رحمتش دلها کند شاد

آتشی کو

همی چرخید و با درماندگی گفت که در این سرزمین نیکووشی کو

گریزانم ز مکر یاوه گویان نوای دلنشین دلکشی کو

ز تقلید و ریاکاری به تنگم صدیقی باصفائی بی غشی کو

روان افسرده در سرداب بی نور شرار و نور گرم آتشی کو

به سان گله‌ها مردم روانند قیام را در مرد سرکشی کو

دلیران را نبینم پای برجا به رزم تیره تیر ترکشی کو

ز دست صور تکها خسته شد جان لقائی بی تظاهر، مهوشی کو

ز بهر درهمی کشور فروشند سرافرازی شجاعی آرشی کو

ز بس که باطل و ناحق شنیدم روان پژمرد، نور خروشی کو

درین ایوان شرابی کو فروزد   روان خستهٔ دردی کشی کو

آشیان کبوتر

برسوی باغ گشتم و دیدم نشانه ای   بر شاخه ای و نقش یکی آشیانه ای

زیبا کبوتری بنشسته بر آن سبد   پر را گشوده بر سر تخمش به لانه ای

با صد امید در صدد حفظ کودکان   جفتش گشوده بال خود از بهر دانه ای

زوج کبوتران همه در فکر یکدگر   بی باک و جان به کف به ره عاشقانه ای

مفهوم زندگی به من آن مرغ برگشاد   با قلب پر محبت و بس صادقانه ای

ما این کلاف زندگی خود گره زنیم   زان پس فغان کنیم ز رنج زمانه ای

زیبائی حیات ببینیم و سر دهیم   داد از غمان زندگی پرفسانه ای

قلب پر از محبت ما گنج زندگی   عشق است در میانه نگین یگانه ای

بی عشق و مردمی نتوان یافت راه خود   کم گشته راه خود نبرد بر کرانه ای

در چشم یزز مهر کبوتر ندیده ام   جز عشق ره نما و نشان و ترانه ای

آینه

زنی در آینه بنشست شادان — چروکی یافت در اطراف چشمان

دو سه تار سپید موی خود دید — میان خرمن من گیسو نمایان

برآشفت و نهاد آئینه را کج — که تا گرداند آنرا صاف و میزان

بگفت این عیب در آئینه باشد — که موجش بر زند از صفحه تابان

وگرنه من نه گیسویم سپید است — نه چینی بر رخم چون ماه رخشان

شنید آئینه این گفتار بانو — بگفتش از چه ای اینسان پریشان

من اینجا بی گناه و پاک و صافم — کنم تصویر تو بی پرده عریان

زمان است آنکه چین بر چهره بنهاد — سیه گیسو سپیدش کرده دوران

ستاند دهر زیبائی ز انسان	گذار عمر سپس این چنین است
چو پوئی راه هستی را به پایان	نپاید خوبروئی و توانت
نگردد انسان خروشان و هراسان	ز چین چهره و موی سپیدت
فزاید عقل و صیقل یابد اذهان	چو نیکو بنگری در راه هستی
ولی خامند ذهن و فکرت و جان	بود شور و جاهت در جوانی
که تا جانت توان یابد به میدان	زمان باید که روحت رشد یابد
شوی از آز و خودخواهی گریزان	اگر راه تفکر را ببندی
شوی از جور و نخوت روی گردان	به پرواز آوری اندیشهٔ خویش
شرافت باشدت هادی و وجدان	ره نیکی گزینی و درستی

چو آنگه دیده بر آئینه دوزی
نبینی جز رخی رخشان نمایان

بسی یابی در آئینه جمالی
جدا از نقش روی و موی افشان

جلا و جلوهٔ ذهنی توانا
نشان پختگی از چرخ دوران

نمودار بلوغ روح پربار
چنان آئینه‌ای صاف و درخشان

نماید آینه زیبائی تو
وجاهت‌های روح و جان پنهان

به سان آینه صافی بگردی
زهر آلودگی یابی تو درمان

اسرائیل،
آتش افروز
جهنّم

فغان از این جهان پر شقاوت	از این خلق دوپای پر قساوت
شعور مردمان در حدّ حیوان	کجا شد فضل و احساسات انسان
گروهی دم به دم آتش فروزند	هزاران جان انسانها بسوزند
پندارند برتر در جهانند	خدای مردم و جاودمکانند
نه عقلی و نه فضلی و نه وجدان	شرف رفتست از جانهای آنان
به صبح و شام با مردم ستیزند	به روی کودکان آتش بریزند
ببالند این ددان بر این کثافت	شدند آنان جهان را همچو آفت

به ثروتهای دزدیده بنازند   به خلق این جهان هر دم بتازند

که مردم برده و ما برده داریم   که ما بر گردن مردم سواریم

همه باید به ما کرنش نمایند   که خدمتکار و دربانان مایند

چنین خلق نفهمی هار گشته   ز دزدی فربه و پروار گشته

«رجال» غرب بر درگاه آنان   مترسکهای بی شرمند و نادان

نیندیشند از فرجام دوزخ   ز کند ظلمت و انجام دوزخ

بود گر ز آسمان مهری بخیزد   که با این ظلمت دوزخ ستیزد

لند ویران چنین جانهای نادان   بسوزاند سرشت زشت آنان

رهاند جان مردم راز دیوان   برون راند گر این روح شیطان

بسوزاند گر کودک کشان را   به انسان باز بخشد این جهان را

دوباره این جهان معمور گردد   ز نو این آسمان پرنور گردد

افغانستان

به مناسبت تسلط طالبان بر افغانستان سروده شد

کشور افغان شد اشغال از طریق شرق و غرب / ملک او جولانگه آنان شد و میدان حرب

زیر و رو کردند خاک کشوری از روی آز / مردمش آواره گشتند و اسیر صد نیاز

کودکانش روی مین ها پاره شد اندامشان / شد سپس خنثاش و کشت آن بلای جانشان

ملّتی در بند این و آن بماند و کشته داد / برد آن ملّت دگر آسایش خود را ز یاد

هیچ کشور بهر استقلال افغان برنخاست / هیچ دستی از برای مردمش مأمن نساخت

سوختند اندام مردم ز آتش بیدادها / یا ز بمب طالبان در خدمت شیادها

مردم از یک سو اسیر ارتش اشغالگر / سوی دیگر طالبان وحشی و بیدادگر

ارتش اشغالگر اکنون برون خواهد رود / نیست تشویشش که حال مردمان را چون شود

طالبان وحشی و افراط گر غالب شود / آه مردم سوی عرش ایزدی بر میرود

از همه بیچاره تر زن گردد اندر کشوری / کز برایش طالبان راند امور رهبری

زن بود کهتر ز مجروران به چشم طالبان / وای ازین بیداد بی پایان و تحقیر زنان

لیک پروائی ز بهر مردم افغان نبود

در جهانی پر تکبّر، مردمش انسان نبود

هر چه بر آنان رود، از مرد و زن، کودک چه باک

هر کسی اشغال شد خاکش، شود زار و هلاک

در جهان آنان که قدرتمند و پرسرمایه اند

بر خلاف ادعای خود، ز حق بیگانه اند

برفروزند آتش جنگ نهان و آشکار

می کشد اینجا و آنجا مردمان در کارزار

این جهان چون جنگلی در چشم این نابخردان

هر که دندانش بود برّنده تر، همچون ددان

می درد او کشوری را کو ندارد قدرتی

می برد سرمایه اش را و بسوزد ملّتی

گر که خواهی در چنین جنگل نسازد دیو و دد

حمله بر جانت و یا مالت به یغما او برد

بایدت علم و تلاش و کوشش و دانائیت

تا قوی گردی و ایمن از غم ویرانیت

ملّت افغان درین بحبوحه درگیر غم است

مردم افغان گرفتار هزاران ماتم است

هر توانمندی بباید یاری آنان کند

چاره ای سازد به راه مردم افغان کند

ارتشی بیرون رود جایش نشیند طالبان

باشد از یزدان رساند یاری این مردمان

ای انظامی

انظامی مادرت را "گاو" می خواندآخوند — دخترت را صیغهٔ اعراب می خواهدآخوند

آشکارا گوید او زنها چو گاوند و خرند — "مستحب" باشد اگر با ئران هم بسترند

این چنین بی شرم الدنگی دهد حکم قضا — بوی گند انش رود بر هر کران و بر فضا

بهر حفظ "عفّتی" اینگونه زیر نام دین — در اسارت می کشد زن را در ایران این چنین

چون بود گوساله این آخوند و از مادر بزاد — پس خیالش زن بود گاوی ز اصل و از نژاد

تو بری فرمان این گوساله بر ضدّ زنان — امر او خوانی و دادی بر چنین دیوی عنان

زن چو بر گیرد لگک از سر، به زندانش بری — حقّ او نشناسی و بر ضدّ او جولانگری

گر نخواهد زن ستم، زندان ببید او رود — گر نخواهد بردگی، اخراج باید او شود

ننگ بادت انظامی گر ستم بر زن کنی — جامهٔ رزم زنان کشورت بر تن کنی

زن بود مادر ترا، همسر ترا، دختر ترا — زن بود انسان و یاری همره و یاور ترا

زن در ایران بوده سردار و امیر کشورت / نه اسیری و کنیزی از برای بسترت

انتظامی امر این نامردمان در گور کن / فکرت شیطان پرستان را ز ذهنت دور کن

حقّ زن را برشناس و قدر او زین پس بدان / دشمن بیمایهٔ زن را ز مسند برهران

خیزو این بند توحّش را ز کشور برگشا / چون نیاکانت به داد و آدمیّت در گشا

ای سحر

خنده زن بر من تو ای پایان شبهای سحر
دیده ام بگشا به دور از رنج تنهای سحر

بس زمان رفت و ندیدم نوری از آفاق تو
روشنی بخش این دل مجروح تنهای سحر

صبحگاهانم فروزان کن ز نو بار دگر
نغمهٔ هستی نشان بر روی لبهای سحر

در دل این شب چو کابوسی نماید زندگی
پر کن از عطر چمن از نو نفسهای سحر

برگشا در را به گلشن تا بیابم شور خود
برنشانم بر سرم تاج از سمن های سحر

باز بنشانم به بستان بادلی گرم از امید
باز بنما هرکناری نقش گلهای سحر

مانده چشمانم به راه صبح تابانی دگر
شادیم بخش و بپوشان رنج غمهای سحر

تا که هستم ساغرم ده از شراب زندگی
تا که بر خیزم گشایم بسته درهای سحر

باز بشتاب و فروزان کن سپهر تیره را
شور شادی آور و بنشان به دلهای سحر

نوشدارو از پس سهراب بهر من مشو
بر فروزان این سینه راز آرزوهای سحر

ای ملّت

باغیرت

تا کی بکشد ملّا، ای ملّت باغیرت   بی پرده و بی پروا، ای ملّت باغیرت

هم دزد بود ملّا، هم قاتل آدمها   بینی تو جنایتها، ای ملّت باغیرت

در رأس قواخندان، عمّامه به سر دزدان   کشور شده گورستان، ای ملّت باغیرت

بیکار جوانانت، ظلمت کده ایرانت   خالی شده دستانت، ای ملّت باغیرت

در صدر قضاتت بین، یک سارق کوته بین   عمّامه سری ننگین، ای ملّت باغیرت

بردار کشد انسان، جانی همه دوران   این خائن بی وجدان، ای ملّت باغیرت

پروار همه دزدان، جمعیّت خونخواران   مردم به عبث زندان، ای ملّت باغیرت

آخوند ثنا کردی، بیروز دغا کردی   بیداد به پا کردی، ای ملّت باغیرت

آخوند قدر خواندی، صد دیده بگر داندی   هر جور بپوشاندی، ای ملّت باغیرت

تا حکم دهد ملّا، بینی همه واویلا   دادی نشود برپا، ای ملّت باغیرت

آن قند و شکر مالش، سرمایهٔ هر سالش   پرزر شده بازارش، ای ملّت باغیرت

خاکت ببرد ملّا، تا برج کند برپا   در هر گذر و هر جا، ای ملّت باغیرت

آخوند بگوید زن، باید که فروشد تن   فتواش به آتش زن، ای ملّت باغیرت

تا درد کنی درمان، از خانه بران دزدان   بشکن در این زندان، ای ملّت باغیرت

بگشای دو چشمانت، فقر است به دامانت   ویران شده بستانت، ای ملّت باغیرت

با دولت ملایان، برباد شود ایوان   برخیز و بران دیوان، ای ملّت باغیرت

بازیگوش

برون خرگوشکی زد در ز آشیانه	چو از مرغ سحر بر شد ترانه
زمادر دور شد در آن میانه	جدا گردید از اطفال دیگر
ندید او از سرای خود نشانه	به هر سوئی به بازی رفت و دیگر
به سوئی بر نشست و کودکانه	چو ره گم کرد خرگوشک برآشفت
بخواند او مادرش را عاجزانه	بسی زارید و از وحشت فغان کرد
ز نومیدی به کنجی شد روانه	چو وقتی رفت و خود تنها به جا دید
برون زد بهر طفل خود ز لانه	ولی مادر به صد تشویش و امّید
برون از لانه هنگام شبانه	بدانست او اگر طفلش بماند
و را صیاد وحشی ظالمانه	به آسانی تواند طعمه سازد

بسی مادر به هر سو جستجو کرد / به صحن باغ و در اطراف خانه

سرانجام او بدید آن کودک خویش / به سوی لانه بردش ماهرانه

چو کودک بار دیگر در امان دید / نکوهش کرد او را مادرانه

بگفتش طفل بی تدبیر کم عقل / به بازی رفتی و نابخردانه

به جاماندی و گم کردی سرایت / ندانستی فسون این فسانه

تو اکنون کودکی خردی نبینی / خطرها در کمینت مخفیانه

بگیرد جان شیرین تو صیاد / اگر آگه نباشی در میانه

توباید جسم و جان آماده سازی / نگیری راه بازی ابلهانه

فراگیری ره و رسم دفاعت / سپس بر باغ خیری عاقلانه

به هشیاری اگر روزت سپاری / نبینی رنج و بیداد زمانه

وگر نابخردی گردد مرامت   شوی تیر ملامت را نشانه

به پند مادرت زین پس عمل کن   فراگیر آنچه گوید بی بهانه

نخست آموز رسم زندگی را   سپس برگیر راه هر کرانه

بدان گیتی بدارد دام بسیار   که در راهت نهد بس زیرکانه

توان و هوش و عقلت یار باید   که تا این ره بپوئی شادمانه

بیداد که ادبار

دلم از کجروی چرخ تبهکار گرفت   اشک جاری شد و این دیدهٔ خونبار گرفت

حاصل سعی و شکیبائی و پویائی من   چون حبابی ز کفم چرخهٔ دوّار گرفت

باورم ناید از آن قاضی بی عدل و حیا   که همه حقّ من صادق پرکار گرفت

مدد از درگه حق جستم و دیوان فلک   بانگ بر عرش شد و درگه دادار گرفت

لیک فارغ نشدم از غم بیداد عدو   حکم قاضی طرف دزد طلبکار گرفت

راست می گفتم و بی پایه شنیدم و سپس   زور و زر سلطه در آن مجلس ادبار گرفت

زخم بیداد بسی مهلک و درد انگیزاست   شرر ظلم همه پهنهٔ پندار گرفت

آنچه بیداد بدیدم نتوان کرد بیان   وصف آن را نشود حیطهٔ گفتار گرفت

جز نکوئی و درستی ننمودم به جهان   کوچنین حقّ من خسته ز آزار گرفت

عجبم از همه بیهودگی چرخ فلک   جان آزاده بیفسرد و گرفتار گرفت

من غربت زده عمری به اسارت سیرم   حقّ من زائل و میهن همه گفتار گرفت

بیمار دهر

آن مرغ آرزو که پرید از سرای من — برد از دلم نشاط و امید بقای من

خون شد به سینه این دل غمبار دردمند — معلوم هم نگشت کجا شد دوای من

افسانه‌ای شگفت بد این، هستی از ازل — برباد گشت هر چه فغان و ندای من

در راه زندگی چو سپردم مسیر عمر — از جور روزگار به سر شد صدای من

بس دیده بر فشاند سرشک از جفای دهر — از محنت زمان و دل بی بهای من

بس کامور شدند خسان و ستمگران — حرمت نبود به هر دل پر صفای من

پرکار و پرشتاب بُدم لیک در میان — بختم نبود یار من و آشنای من

بس سخره‌ها نمود مرا چرخ بی هنر — بر کام من نگشت به رغم دعای من

بیمار گشت روح من از عمر بی ثمر — حاصل نگشت چاره درد و شفای من

باشد که خاکدان جهان ملتهب شود   بر عرش آسمان برسد این نوای من

کاش از جهان نور رسد پرتو نجات   آخر کند شرار ستم را خدای من

پائیز خونریز

دوباره فصل تابستان سرآمد   زمان گشت و خزانی دیگر آمد

درختان شاخه ها عریان نمودند   به زیر خاک سنبل ها غنودند

نهان خورشید در ابری سیه شد   به شب هنگام، پنهان نور مه شد

بود تاریک این پائیز خونریز   چه بی رحم است این فصل غم انگیز

به خاک تیره ریزد خون مردم   زبیداد ستمگر، مکرر کردم

آخوند خائنی روی سریر است   به سوی دیگری قاتل امیر است

گروهی جانیان در قتل کوشند   به جز خونبۀ طفلان نوشتند

به قتل کودکان بر خود ببالند   پر از زشتی درین راه زوالند

به هر سو قاتلان مردم فریبند   زبهر خون آنان بی شکیبند

به جز بی شرمی و ظلمت عیان نیست   ز انسانیّت و وجدان نشان نیست

همه در فکر قدرت، مال دنیا   دو صد افسوس بر این حال دنیا

تو گوئی موسم پایان دهر است   به جام مردمان همواره زهر است

بتر از هر طویله گشته دنیا   کثافت بر بشر بربسته دنیا

نبارد رحمتی بر نوع انسان   شده انسان بتر از دیو و حیوان

چنین فصلی بود پائیز دلها   همه بیداد و خونریز دلها

به جز نفرت دگر در دل نمانده   ز عمر ما به جز ذلّت نمانده

ندارد ارزشی، هستی درین دار   درین دنیای الدنگ ستمکار

بود گر دل دگر پر ریز از غم   بمیرد زین سپس از فرط ماتم

رها گردد دگر از جور هستی   ازین بیداد بی پایان و پستی

بری گردد دل از آزار ظلمت   جدا سازد خود از افغان و نفرت

پاسخ

نظر کرد و در آن آئینهٔ سرد   بدید او چهره‌ای کو شکوه می‌کرد

به پیشانی میان ابروانش   نشسته چین اخمی در میانش

درون حلقهٔ چشمان دو دریا   چو چاه کهکشان تاریک و تنها

نشسته قطره اشکی بر عذارش   که جوید در خم اخمی گذارش

بر آن تصویر چندی او نگه کرد   به فکر هستی‌اش گشت و ره آورد

که در ره او بسی افتاد و برخاست   همی پنداشت عزمش بی کم و کاست

ندید آنگهی دام از چپ و راست   بلغزید او و درین گردون ناراست

اگر دانست در دامی فتادست   به گودالی دگر پا در نهادست

خود از آن دام با کوشش رها کرد   ره باطل ز راه خود جدا کرد

ولی در این تلاش و پافشاری   به راه جد و کوشش، پایداری

چه بسیار او عناد از ناکسان دید   چه غمها بر دل و جانش ببارید

بسی دشوار شد راه سعادت   چو تازید بر او از حسادت

به رزم دشمنان بی حقیقت   تبه شد عمر او در این طریقت

شب و روزان جدال احمقان کرد   تبه عمر خود و وقت گران کرد

ندانست او چرا گردون دوّار   بسی نامردمی آرد پدیدار

چرا آزاده در دنیا جفا دید   چرا در هر رهی روی و ریا دید

چرا انسان اسیر سرنوشت است   چرا زشتی بسی را در سرشت است

چرا نامردمان بالانشینند   چرا آزادگان سختی بینند

درین فکرت به تصویرش نگه کرد   که گویی پاسخی اینگونه سر کرد

که دنیا نیست بهر آرمیدن   مکان هرزه گردی و چریدن

جهان میدان رزم و پویش توست   ره آوردت نشان کوشش توست

اگر حقّ خود از دنیا نگیری   ستانذ حقّ تو دست شیریری

نشاید کز غم دنیا برنجی   چنین بنای هستی را بسنجی

اگر هستی، علیه تیرگی کوش   به رزم ناحق و بیهودگی کوش

که اصل زندگی جنگ سیاهی‌ست   که هستی بی چنین جنگی تباهی‌ست

اگر دستان ز آلایش بشوئی   اگر راه درستی را بپوئی

نظر گر بر تبه کاری نپوشی   به سان تندری غرّان خروشی

اگر در زندگی حق را پرستی   اگر از اهرمن باری نبستی

ز گمراهی در این دنیا برستی   بتابد بر دلت انوار هستی

زیانکاری اگر با حق ستیزی   سرافرازی اگر با او بستیزی

پرگار

این همه تاب و تب و کوشش ما بهر چه بود / این چه رازست پس پردهٔ این بود و نبود

از چه آئیم درین ورطهٔ پربیم و هلاک / راز این بستهٔ سربسته که داند که گشود

هرچه در پیچ و خم دهر بر قسیم نبود / آگهی از هدف و غایت هستی و وجود

پر ز امّید در آئیم درین دور زمان / که بخیزیم و بپوئیم ره رونق و سود

در ره این خم پیچ به سر بستیزیم / در چنین دایرهٔ رزم نبد جای خمود

همچو پرگار بگردیم کمان تا به کمان / ره نیابیم ازین دایرهٔ چرخ کبود

رهروانیم درین دور و نداریم نگه / جز سوی حق که بود آتش او در رگ و پود

کاش بر خیزد ازین خاک دگر قفته و شر / کاش از هاتف جانان رسد آوای درود

کاش خورشید عیان گردد ازین پردهٔ ابر / کاش بر عرش شود نغمهٔ شادی و سرود

بس همی بانگ مدد خواد دل از سینهٔ ما / تا که عرش فلک آن داد و ندایش بشنود

ای که از پیچ سرشتی همه این عالم ما   دست ما گیر که بر بام رود آتش و دود

کی رود تیرگی از هستی ماسوی درک   نبود جزبه در حقّ دری از بهر سجود

پرنده

پرستوئی پرید و این چنین گفت   که جولانگاه من این آسمان است

همه دشت و چمنزار فریبا   به زیر بال من هر سو عیان است

فراز آسمان خیزم دمادم   مرا سروی دل افزا آشیان است

تو گوئی بهر من گسترده این باغ   حریم من همه ملک جهان است

فراز من همه ابر است و خورشید   مسیر دلکش رنگین کمان است

چو بر زیر آمد او در زیر شاخی   وزغ را دید کانجا در نهان است

به او خندید و گفتش زار مسکین   ترا دنیا چنین نامهربان است

نداری بال و بر او جی نخیزی   درون گل ترا جا و مکان است

چو من دنیا نبینی از فرازی   ترا گیتی همین جوی روان است

جهانت کوچک و محدود باشد   صدایت نایسند مردمان است

چو بشنید این سخن ها از پرستو　　　وزغ گفتش که کبرت بی کران است

تو پنداری جهان زیر پر توست　　　ترا بر بام گیتی آشیان است

ولی دنیا نه باغ است و نه چشمه　　　فراسوی مکان و هم زمان است

من و تو هر دو آنی در جهانیم　　　پرنده یا چرنده، میهمان است

پدید آئیم در این دار آما　　　دلیل زندگی سرّ نهان است

پنداریم دارای جهانیم　　　چو درک ما ز دنیا ناتوان است

من و ما ذرّه ای ناچیز باشیم　　　که در سیر زمان و کهکشان است

نشاید بشکنی قلب کسی را　　　چو پنداری که زار و خسته جان است

درین مجموعهٔ پر رمز و پر راز　　　چو بینی خسته ای کو کم توان است

به شکّینش شتاب و دست او گیر　　　چو مهرت بهر تو تنهاشان است

که در دنیا بماند یادگارت　　　اگر نامت به نیکی بر زبان است

تابستان

فصل تابستان شد و تب در تن بستان تنید   مرغک زیبا به سوی جویباران پرکشید

هر طرف پر میزند پروانه در صحن چمن   در مسیر نور رخشان بر سر بستان پرید

چشمه پاک و نغمه خوان پیموده ره را با سرود   با هزاران شوق سوی بستر دریا دوید

مرغکان باز آمدند از نو به صد شور و امید   سبزهٔ صحن چمن خرگوشک زیبا جوید

گرمی فصل تموز آیا نگیرد در دلی   گر که آن دل منزلی در کنج عزلت برگزید

کاش این گرمای تابستان بشوراند جان   کاش مرغ آرزو زنجیر محنت بردرید

کاش آتش زد به غمها نور خورشید شغف   کاش وقت خلوت و دیدار یاران بررسید

هر طرف در تاب و تب افکنده تابستان دلی   سرخ گل فریاد عشق بلبل شیدا شنید

لیک تابستان نیفروزد دل پژمرده را   کو ز حسرت این چنین آرایش بستان ندید

باشد ار حشمان گشاید بر شکوه زندگی   هر کسی کو دامن از الطاف هستی برکشید

تا حیاتی هست و باشد زنده دل در سینه‌ای   باشد ار گرمای تابستان به جانش بردمید

در گذار و کوته اند عمر تموز و وقت ما   کاش دل افسرده از حرمان و عزلت وارهید

فصل تابستان بشوران چشمه‌های نغمه خوان   بلکه بر دلها رسد آوای امید و نوید

شاید این گرمای تو جانها بیفروزد ز نو   سردی دلها گریزد از تب شور و امید

تاوان نفت

در اخبار جهان چهری عیان بود / درون چشم او اشگی نهان بود

بلرزید و بگفت اینسان که بنگر / چه مهد کبر و ظلمی این جهان بود

به زیر پای من خاکی نهفته است / که ثروت در دل او بی کران بود

ز چاه نفت و معدنهای بسیار / به زیر این چنین خاکی مکان بود

چنین خشکیده دشتی که عیان است / زمانی کشتزاری پرتوان بود

بسی محصول و غلّات فراوان / برویانید و بهر مردمان بود

به رود و چشمه‌های پر سرورش / مکانی بهر صدها ماهیان بود

چنین ملک پر از نعمت نمادی / ز شور و شوق، هستی در زمان بود

ولی وقتی گذشت و گشت پیدا / که زیر خاک نفتی در میان بود

از آن پس گشت غارتگر هویدا / درین ملک و دگر درد کلان بود

بربردند و بُردند این ثروت نفت   نصیب مردمان رنج گران بود

بیالودند آب چشمه ساران   تلف شد هر چه راستی و جان بود

دگر این کشتزاران بر نیاورد   به خاکش مار و عقرب رانشان بود

هر آنکس حاکمی شد بر چنین مُلک   شریکِ و یارِ غارت پیشگان بود

چنین ملّت به ماند اسیران   به چنگِ بی مروّت جانیان بود

ز قحطی و مرض مردم بمیرند   فغان مردمان بر آسمان بود

چرا چون ثروتی در سینه دارد   چنین مُلکی که قومی آشیان بود

به نام ینجریّه باشد این مُلک   که درد آلود جوری بی امان بود

ولی امثال این کشور بیابی   بسی مُلک دگر هم در جهان بود

بشر بر خود نهد القاب زیبا   "تمدّن" نام این جور و زیان بود

ولی نامش نباشد جز جنایت   چنین بیدادنگ مردمان بود

تقدیر

درون سینه دل در اوج فریاد / فغان سازد که او را بردم از یاد

همی نالد که آمالش دمادم / فرو خفتم، بدادم حمله بر باد

به من لعنت کند کاین عمر کوته / هدر دادم نکردم قلب خود شاد

بسی سعی و بسی پویش نمودم / فرامش آرزویم شد ز بنیاد

گهی کار و گهی زحمت گهی رنج / ندیدم درگهی خالی ز بیداد

شرار زندگانی هم ز در شد / برفت از بام من آن مرغ دلشاد

کنون افسرده ای حسرت به جانم / اسیر دست تقدیری چو شدّاد

به دل گویم منال ای مرغ تنها / نبد جای من و تو ملک آباد

نشاید این ستیزت با من اکنون / بهاری رفت و آمد ختم خرداد

چنین تقدیر ما بود ست و دیگر / بود عمرت حبابی در کف باد

زمان رفت و بسی دیگر نماندست   چو چشمی بر زنی گردی تو آزاد

تهی‌دست

تهیدستی جوان بود و گرفتار / ولی تیز و پر از امّید و پرکار

شد او مشغول کسب دانش و فن / کمی پیش افتد به ره آن مرد هشیار

شبانگه در دکانها کار کرد شد / که سازد خرج خود در کوی و بازار

بپوئید او چنین راه سعادت / بشد دانشوری با کوشش و کار

در آن هنگام یار مهربانی / شد او را مونسی دلبند و همیار

بگردیدند زوجی پرمحبّت / به همکاری به راهی پر بر و بار

پر از آوای گرم کودکان شد / سرای زوج پرکار و فادار

بنا کردند بازاری به همّت / پر از رونق شد آن شرکت و بازار

موفق گشت آن بازار و مردم / شدند از هر کران آن را خریدار

بر آن بازار بس ثروت روان شد
 زرش بارید از هر سو به خروار

جوان بی زر دیروز گردید
 ازین ثروت بسی مغرور و پروار

دگر یارش سپرد آن مرد از یاد
 همان دیرینه دلدار فداکار

شد او مایل به یاری نوک مژگانش
 به مالش بود و آن هستی شهوار

خرد از سر نهاد و از سر افت
 به سوی یار نو مرد کهنکار

ندانست آن خطاکار هوسناک
 که گل پر پر نماید در ره خار

ندید آن مرد اصل ثروتش را
 نهان اندر سرای مهر دلدار

برفت و گم شد از راه سعادت
 خرد دیگر نگر دیدش مددکار

بر او فائق هوس گشت و تباهی
 به زیر آمد به کام چرخ دوّار

بدان قدر و فا و مهربانی
 که در راهت کمین مکر است و ادبار

مسیر زندگی پر چاه بینی
چه بی زر یا که ثروتمند و پربار

اگر بر چاه چون آن مرد رانی
شوی مغلوب دوران و زیانکار

منه عشق و محبت بهر عشرت
که بنشینی به راهی سخت و غمبار

نماند در جهان غیر از محبت
هم او باشد ترا یار و نگهدار

جایگاه زن

خاک بر فرق سر آن کس که زن را خوار کرد   حقّ زن پامال و جانش در جهان آزار کرد

زن در ایران کشته در بند و نیابد رفعتی   پای در زنجیر جهل است و نبیند فرصتی

گر نپوشد موی خود، با زور مصدومش کنند   با هزاران هتک حرمت، زار و محکومش کنند

آن یکی آخوند گوید زن چو گاو است و خر است   چون کنیزی کنج مطبخ یا میان بستر است

باید او مویش بپوشد روی خود زیبا کند   جسم خود از بهر عشرت جالب و رعنا کند

نزد جرّاحان رود تا چهره دیگرگون کند   چون عروسک قدر خود را این چنین افزون کند

ارزش انسانی زن را نیابی در میان   زن بود ابزار عشرت در کف نابخردان

در چنین کشور زمانی شاه ها زن بوده اند   حکمران و صاحبان حرفه و فن بوده اند

جایگاه زن به زیر آورده اند این حاکمان   واژگون فرهنگ کشور شده به دست ظالمان

شاهکار خلقت و زاینده نسل بشر   کشته خوار جهل و گردانند عمر او هدر

این همه جور و تعصب ملک را ویران کند   خدمتی بی حدّ به استعمار بی پایان کند

تا که در جهل اندر مردم بار غارتگر برند   نیمی از جمعیت آنان اسیر و کهترند

جای جای این جهان زن حاکم است و مصدر است

در خراسان والیش گوید که زن چون استراست

باید ایرانی چنین جهلی براند از میان

تا به کی پوید ره دستاربند پر زیان

مرد و زن باید که بر خیزند و با هم "ماشوند"

صاحب حق برابر، شانخ و بر پا شوند

باهم و همسان هم پوینده راه زندگی

پیشرو گردند از نو در ره سازندگی

پاک گردانند ایران را دگر از جهل کور

دفن گردانند جور بی امان در قعر گور

باز ایرانی برافرازد سرش را در جهان

بازیابد زن در ایران جایگاهش در میان

جمع فاسدان

از نو بکشت دست سیه کار خائنی   بر نای بیگناه جوانی به صد ستم

جمعی ز خائنان که به دستورِ اجنبی   افشانده بذر دزدی و جور و فساد و غم

یکروز جان نخبهٔ کشور کند فنا   روز دگر به بند کشد صاحب قلم

این جانیان بی شفقت رأس کشورند   آزاد و راحتند درین سرزمین جم

پاسخ نخواهد هیچکس از جمع محرمان   بالانشین و صاحب جاهند و محترم

دستاربند پیر بپوشاند این دَدان   همکار و پشتیبان همند و کنار هم

ملت درین میان بدهد خون این و آن   قربانی اند مردم ایران نه بیش و کم

آنان که واقفند به اعمال این کسان   باشد که نزد ظلم نسازند گرده خم

رسوا کنند خائن خونریز مردمان   کوته کنند دست سیه کار یرستم

جنگ

آزادی

جهان در سوگ آزادی، سیه پوشد به هر وادی   به هر سو کهنه شیادی، بکارد بذر بیدادی

رود بر طاق این زندان، فغان کودک گریان   سپهر از غایت حرمان، نبارد رحمت باران

فنا شد جان انسانها، به دست تیره شیطان ها   به ظاهر همچو انسانها، ولی کمتر ز حیوان ها

پر از کبر بند این دیوان، بری از شرم و از وجدان   عدوی بی که به انسان، شریک و همره شیطان

نیابم در افق نوری، درین دنیا سلحشوری   که بر پا سازد او شوری، نهد ابلیس در گوری

تبه جان جوانان شد، بسی کشور بیابان شد   شقاوتها چه آسان شد، جهان بر کام دزدان شد

بگردد چرخ بازیگر، به کام جمع غارتگر   نشاید کو زند اخگر، به جان مردمان دیگر

شده است این خانه دیگرگون، به پایان آورای گردون   هال و وحشت افزون، ز بهر هر خس و هر دون

سیه گشته است این وادی، کجا شد نور از هادی   برآی ای صبح آزادی، بتابان پرتو شادی

نماند نور در جانها، شرار مهر انسانها   بسی در گیر حرمانها، اگر ماند بشر تنها

برد این آسمان ما، سرانجام این فغان ما   به پا ماند جهان ما، به رغم دشمنان ما

جنگ اوکراین

گروهی مردمان، آواره، حیران   زرنجی بی امان سر در گریبان

به دور افتاده از شهر و ز مسکن   به پشت و در بغل اطفال گریان

به دنبال سرائی و پناهی   ز بمب و آتش و موشک گریزان

ندانند این چنین بیداد بی حد   چرا در بر گرفته ملک آنان

چرا این می کشد آن دیگری را   چرا آتش بریزد سقف دوران

درین کشور که اوکرانش بود نام   بود ظلم بشری پرده عریان

به پا در پهنهٔ کشور نبردی   ز بهر سلطه و قدرت به میدان

به پندارش بشر قادر بماند   که راند حکم بر ابنای انسان

اگر جنگی برافروزد چنین سخت   نماید شهر مردم چون بیابان

فرو ریزد سرای مردمان را   به ره انداز این قوم پریشان

تصوّر می کند بر جانشیند   به بهنای جهان یکتا و سلطان

چنین اندیشه بی‌پایه است و خام است   چو دنیا بر نتابد یکه سلطان

چو مردم در ره دانش بکوشند   به قدرت دست یابد قوم آنان

جهان دیگر ابر قدرت نتابد   ز هر سو قدرتی باشد نمایان

هر آنکس خودپسند و یکه‌تاز است   بود افکار و پندارش پریشان

نبیند پیش رو آیندهٔ دهر   نمی‌فهمد روال چرخ گردان

چنین جنگی نشان بی‌شعوری‌ست   بهایش جان مردم، ملک ویران

سزد کاین جهل از دنیا بخیزد   خرد گردد دگر غالب ز بنیان

به دنبال چنین شام جهالت   نگاهی سرزند گرم و فروزان

رها انسان شود از خودپسندی   فرو ریزد بنای حق فروشان

جنگ غزه

6 نوامبر 2023 در زمان نسل کشی غزه سروده شد

بر سر مردم ببارانند آتش دم به دم   بی پناهان را گریزی نیست از رنج و عدم

برشده فریاد انسان هر کجا از فرط درد   اشک می افشاند از چشمان ز ماتم هر قدم

این چنین دوزخ کجا دیدست انسان در جهان   این همه نابودی و کشتار هر پیر و جوان

تا به کی دیوانگانی بی خدا آدم کشند   بمب آتش زا فرو ریزند بر پُر چارگان

غزه از کبر و شقاوت این جنایت پیشگان   خود پندارند برتر از همه خلق جهان

با حقارت بنگرند آنان بر ابناء بشر   حق انسانها ندانند این سفاهت پیشگان

رهبران غرب هر یک چون عروسک کوکی اند   بر در آدم کشان زانو زده کرنش کنند

مردمان با حیرت این آدم کشی ها بنگرند   این چنین جان خلایق رهبران بخشش کنند

نیست دنیا را نجاتی از چنین بیراهه ای   رشود انسان اشرف این چنین دیوانه ای

لیک دریابند انسانها ره نیکو زید   بر تابند آرمان سست و بی رحمانه ای

جیمی کارتر

جیمی کارتر شده فرتوت و بیمار / به درد بی علاجی شد گرفتار

آخوند آورد و ایران را سیه کرد / چه بی رحمانه عمر ما به سر کرد

بکشت آخوند مردم را به امرش / که ایرانی نیابد جاو قدرش

شد او همدست خاص انگلستان / که تا سازند ایران ما تمستان

چو ایران خالی از گردان نمودند / همه دارائی آنرا برده بودند

به جنگی خانمانسوزش براندند / آخوندی رأس کشور برنشاندند

شد ایران مظهر جور و دنائت / خرافات و جنایات و سفاهت

قوانین هزاران ساله کور / به رأی روضه خوانی همچو مجبور

بگرداندند قانون زمانه / شد ایران صحن ظلم جاهلانه

اسیری گشت زن از نو در ایران / به سر افکند چادر حون اسیران

شد او کمتر ز نیمی از برادر / حقوق او به محجوران برابر

پس از آن لشگر از هر سو کشیدند / حریم حرمت مردم دریدند

به کشورها در آن شرق میانه / یورش بردند سخت و ظالمانه

زمانی ملک افغان را گرفتند / به تاریخ جهان برگی نوشتند

که خون ملّت افغان بر آن بود / چنین جوری همه ننگ زمان بود

عراق و لیبی و سوریه لبنان / شدند آماج تیر خودپرستان

بسوزاندند و هستی ها ستردند / بسی جانها به گورستان سپردند

درین هنگامه ها چینی عیان شد / فرا رفت و چنان غول زمان شد

همه آنان که رمز سروریها / بدانستند در ویرانگریها

کنون ناظر بر این ملک جهانند / ز بهر حفظ قدرت کم توانند

من و امثال من در این میانه / پس از آن قفنهٔ شرّ زمانه

به همدستی ملک انگلستان   به کار ترکو بزد خنجر به ایران

بسی سال است در گیر زمانیم   غریبانی در این سوی جهانیم

وطن در سلطهٔ آخوند ماندست   بسی از نخبگان خود برآندست

قوانین سیاه خودپسندان   بود حاکم به ملک را دِ مردان

ولی آخر رهِ مردم بگردند   که از جهل و خرافه بس به دردند

به زیر آید لوای آزمندی   خرافات و جهالت، خودپسندی

دوباره نور حق پیروز گردد   سیاهی پر بگیرد روز گردد

ز نو خورشید ایران برفروزد   پلیدی ها ز انوارش بسوزد

ولی بس مردمان در این میانه   فنا گشتند در چرخ زمانه

همه عمر بسی مردم مدد شد   فدای حیلهٔ ارباب شر شد

چشمه

چشمهٔ جوشان ز شور زندگی — می خروشد از سرور و تازگی

می دود بر سوی دریاهای دور — خالی از سستی و از افسردگی

پرترنّم تازه می سازد به راه — هر گیاهی از غم پژمردگی

می خزد در پیچ و خمها با سرور — با هزاران نغمهٔ شوریدگی

گویم او را ای نماد شور و شوق — ای مثال پویش و پایندگی

ای که بر تابی رخ خورشید را — از زلالت بر زند تابندگی

عاشق دریائی و از شوق او — در نوردی راه پرپیچیدگی

در دلت باکی نباشد از خطر — بر تابد ز و غم و رنجیدگی

می روی بر سوی دریاهدوان — عاری از نومیدی و آلودگی

برزنی بر سنگ دشت و خاک ره   تا که از جسمش زداید خستگی

تا بروياند گياهان از دلش   تا جلا یابد ازین سرزندگی

روی تو تصویر عشق است و امید   نقش دلشادی و هم بالندگی

نغمه‌ها از شوق گلها سر دهی   زین همه زیبائی و زیبندگی

لیک من تنها نشینم بر بَرت   ای نشان روشنی در تیرگی

یار من دیگر نباشد در کنار   در دلم شادی نیاید چیرگی

کاش آوایت دگر در دل زند   شور و شوق، هستی و آزادگی

بی امید این زندگی واهی بود   هم چنان مردابی از بیهودگی

آرزو دارم سپارم راه خود   با سرور و همّت و سازندگی

چون تو کردم پر توان و پر امید   جان رها سازم ازین دلمردگی

باز بینم چهرهٔ خورشید را   بر زداید از دلم فرسودگی

کاش از نو بر زند بار دگر   نور شادی در سکون و خیرگی

برفروزد آسمان تیره ام   از جلای مهر و از رخشندگی

حکومت

آخوند

کشور ایران شده غرق خیانت ای بشر — جمع ملّایان بود گرم جنایت ای بشر

خائنان دستاربندانند و پر آز و ریا — می برند اموال کشوری بی خجالت ای بشر

آن یکی آخوند رأس قوّهٔ مجریّه است — می فروشد کشوری را بار ذلّت ای بشر

آن یکی رهبر شده رأس قوای کشوری — می کشاند ملّتی را در ضلالت ای بشر

هر دو غرق صد ریا، دم از عدالت می زنند — با همند و مظهر حور و دنائت ای بشر

خدعه کارانند ملّایان پر مکر و ریا — حامی بیداد و شرّند این جماعت ای بشر

ای سپاهی، ارتشی، تا کی تماشاگر شوی — این همه خودخواهی و آز و کثافت ای بشر

گر نخیزی کشورت سوریّه ای دیگر شود — می کشد آخوند آن را پر شهامت ای بشر

تا زمان باشد تر از بر خیز و کشور واستان — افکن از مسند محیل و بی کفایت ای بشر

در صف یاران حق جای خیانتکار نیست — واره ان مردم ز تزویر و جهالت ای بشر

خیز و برپا کن در ایران رایت آزادگی / بایدت از مردم ایران حمایت ای بشر

حیف ازاین ایران که جولانگاه روباهان شده / بر حکومت برنشان داد و درایت ای بشر

حکومت خائن

این دولت خائن بفروشد وطنت را   برباد دهد میهن و هم جان و تنت را

یک روز فروشد سر سردار سپاهت   عمّامه سر از پشت بکوبد کمرت را

آخوند بود فکر خود و قدرت پوشش   ارجی نهد بهر تو و خاک و درت را

ایرانی و ایران بفروشد به اجانب   از بیخ برد قاری دیروز سرت را

بر روسیه او باج دهد آب خزر را   بر غرب دهد گاز خلیج کهنت را

برخیزو چنین حاکم بی شرم برانداز   تا او نکشد عالم ثابت قدمت را

این دولت اکبیره به جز شرّ و دغانیست   ویران کند او مرکز فنّ و هنرت را

آسوده نگردی اگر او حکم براند   از بندرها سازد گر بوم و برت را

شیّاد یر از خدعه کمر بسته ستیزد   فرهنگ تو و فکرت و فنّ و اثرت را

زان پیش که خاک وطنت یاره نماید   برخیز و ز آخوند رها کن وطنت را

خروس فداکار

بر پایهٔ داستانی واقعی سروده شد

رها کرد مردی به باغی بزرگ / خروسی و مرغی زکاشانه‌ها

در آن بوستان زوج زیبا سپس / گزیدند از هر طرف دانه‌ها

همه روز بازی کنان در چمن / جهیدند بر شاخ و گل دسته‌ها

در آن باغ با شادی و خرّمی / دو عاشق بری از غم و غصّه‌ها

نبودند آگه ز زخم قدر / ز گردون گردان و از تیشه‌ها

زمان گشت و از تخم مرغ جوان / عیان شد سر جمعی از جوجه‌ها

ولیکن در آن باغ زیبا و سبز / شغالی گذر کرد از تپّه‌ها

نمودند در باغ مرغان وحش / کمین شکاران سرلانه‌ها

خروس فداکار عاشق چو دید / خطرها بسی در ره جوجه‌ها

درختی که کوتاه و پرشاخه بود   نمود آن پناه خود و بچه‌ها

بیاسود هر شب به زیر درخت   فرستاد مرغش بر آن شاخه‌ها

به بال خود آورد آن جوجگان   ز بهر دفاع از جگرگوشه‌ها

شبی جغدی از آشیان شد برون   فرود آمد او بر سر سبزه‌ها

به جنگ آمد او با خروس دلیر   که تا جوجگانش کند طعمه‌ها

خروس فداکار خونین نمود   یکی جوجه برد او به سر پنجه‌ها

ز مرگ جگرگوشه‌اش آن خروس   بزارید و نالید در گریه‌ها

دلش پر ز غم شد ازین حادثه   همه غصّه بارید از دیده‌ها

لذشت آن زمان و خروس غمین   فرو برد فریاد و آن ضجّه‌ها

درین بین بانوی باغ کهن   جواگه شد از حمله بر جوجه‌ها

به باغی دگر او فرستادشان — که دور از شغالان و درنده‌ها

در آسودگی عمر را سر کنند — هراسی نیایند در سینه‌ها

چو آنان رسیدند در باغ نو — خروسی دگر آمد از بوته‌ها

چو مرغ آن خروس دگر را بدید — ز کف داد دل در پس لحظه‌ها

بیامیخت با آن خروس و گسست — ز زوجش پی عشرت و وعده‌ها

از آن پس همه جوجگان هم ببرد — رها کرد زوجش به صد غصه‌ها

خروس فداکار افسرده شد — بنالید و زارید از شکوه‌ها

زمانی گذشت و نبودش امید — بس اندوه بارید از دیده‌ها

سرانجام تنها خروس دلیر — بدید اردکی شوخ و پر عشوه‌ها

بگیرد دیگر یار او دگر — دل از غصه‌ها شست با خنده‌ها

به بازی اردک بشد شادمان   فراموش گشتش دگر فتنه‌ها

به روزی دگر اردک پرنشاط   به جوئی پرید و پر از نغمه‌ها

شنا کرد و بر خواند بر سوی خود   خروس دلاور در آن چشمه‌ها

خروس فداکار عاشق ولی   شنائی ندانست در برکه‌ها

به زیر آمد و غرق گشت آن خروس   فرو رفت در گردش حلقه‌ها

خروسی چنین صافی و باوفا   رها گشت از فتنهٔ چرخه‌ها

شریف و دلیر و فداکار بود   بری از ستمکاری و خدعه‌ها

امان از فلک کو به زیر آورد   جوانمرد صادق به صد حیله‌ها

نشاید که دلپاک ویران شود   فدا کرد او در ره هرزه‌ها

بزرگست هر کو شرف مند بود   نیاید جهان در کف ارقه‌ها

بود نام میکان به جا یادگار   سیاه است یاد ستم پیشه‌ها

خزان سرد

دوباره فصل تابستان به سر شد　　زمانی کشت و پائیزی دگر شد

نسیم سرد پائیزی وزان شد　　همه رنگ درختان ارغوان شد

خزان بر تاخت بر گل باد سردش　　به صحن باغ گل بر ریخت برگش

نما و جلوهٔ بستان دگر شد　　تب و غوغای تابستان ز در شد

درین فصل خزان دلهای یاران　　به زیر غم تپد از رنج دوران

جهان گردیده پر از نفرت و جنگ　　اسیران می کشد بی شرم الدنگ

همه مردم به زاری و به فریاد　　تو گوئی آدمیّت رفته از یاد

ازین دنیای پر نفرت و بیداد　　دمادم جان طفلان رفته بر باد

گروهی بی شعور و پر شقاوت　　شده حاکم به دنیا با قساوت

پندارند خاص مردمانند　　جدا از خلق و برتر در جهانند

همه خلق جهان حیوان بنامند　　بری از آدمیّت در میانند

دمادم در غزه مردم بسوزند   به خاک مردمان آتش فروزند

نه رحمی و نه ایمانی نمودار   نه بهر مردمان شرمی پدیدار

تو گوئی آسمان در خون نشسته   امیدش از چنین انسان گسسته

چگونه است این خزان سرد پردرد   چه باشد عاقبت او را ره آورد

اگر دنیا چنین راهی سپارد   دمار از روزگار خود برآرد

جهانی کاین چنین مردم بسوزد   به امر جانیان لبها بدوزد

ز دست جانیان ذلّت پذیرد   زعرش کبریا پندی نگیرد

سرانجامی بسی تاریک یابد   بر او انوار بهروزی نتابد

چنین دنیا شود چون برکه آبی   که فرساید جدا از آفتابی

درین دنیا بسی دلها فسرده است   ولی امید در جانها نمرده است

سرانجام آدمیّت باز خیزد   به بیداد و به تاریکی ستیزد

از اعماق سیاهی ها زند نور   خرافات و شقاوت را برد گور

حیات این جهان از نو فروزد   سیاهی و جهالت را بسوزد

بهار زندگی بستان پذیرد   شرار مهر در جانها نمیرد

رود سردی و گرمی باز آید   بشر پیروز و سرافراز آید

خواب

بر آن دهلیز مرموز تباهی	نگه کردم بر آن عمق سیاهی
درازایش مهیب و بی کران بود	که گوئی عمق او تا کهکشان بود
سرا پائی سرانجام و سرآغاز	در آن تاریکی پر رمز و پر راز
به دستانم به جز خالی ندیدم	چو انگشتان به هر سوئی کشیدم
نظر بر این کران و آن کرانه	چو موجی در سرآشیبی روانه
در آن دهلیز بی پایان پریشان	شدم چون ذرّه ای ناچیز و غلطان
نبودم آگه از بعد زمانم	کجا رفتم؟ ندانستم مکانم
به قلبم نقش ترس و بهت و تردید	به چشمانم امید نور خورشید
کجا در عمق بی پایان رسیدم	روان گشتم در آن راه و ندیدم
نظر بر پیکر و بستر نمودم	چو از این خواب چشمان را گشودم

به خود گفتم سرانجامم کجا شد   کجا رویا ز روح من جدا شد

از آن دهلیز چون بیرون شدم من   دوباره ناظر گرد دون شدم من

چگونه است این جهان بی نهایت   که در آن گم شود عقل و درایت

به خوابم یا که بیدارم درین جا   چه باشد فرق امروزم ز فردا

چه دانم در کدامین ره روانم   چرا پوینده ای در این جهانم

براند همچو گویی در میانه   مرا نیروی هستی در زمانه

چو جویم از دری پشت و پناهی   گهی نوری بیابم که سیاهی

به لختی مهر خندان را ببینم   که تابد بر من و بر سرزمینم

اگر خوابم و گر هشیار هستم   سپردم گر بار خود در ره ببستم

همین بس کز دل خواب سیاهی   کشایم چشم خود را بر نگاهی

ز نور صبحگاهی جان بگیرم   که در اعماق دهلیزی نمیرم

دام بیداد

این چه نقش است عیان گشته به پهنای جهان   این چه دام است که گسترده به هر سوی و کران

آدمی بردهٔ دیو است و نفهمد به کجاست   شرر فتنه دمد هر دم ازین سرزمان

قاتل کودک معصوم شود آدمکی   وآن دگر برج بریزد به سر آدمیان

کشور مردم بدبخت بیابان سازند   اشک تمساح بریزد سپس ارباب ددان

در کمین بشر است این همه بیداد گری   بدرد کودک بیچاره و هم مرد و زنان

صحن گیتی شده پر از شرر مکر و فساد   پر ز الفاظ دروغ است همی چرخ زنان

از دروغ و ستم دهر دل از غم بگرفت   نور حق کو که در پردهٔ این حیله گران

این همه خدعه و بیداد خدایا ز چه روست   مددی در ره ما ساز ازین فتنه گران

عمر ما در گذر و دشمن مردم قدر است   برفروز این ره ما خالق هر کون و مکان

خسته از این همه اکبیرو جنایت شده ایم   رحمتی بهر نجات از کف بیداد گران

درخت خرمالو

ای درخت پر بر و بار خزان   جلوه گر گشتی ز نو در این زمان

پر ز خرمالو شدی بار دگر   برفشاندی میوه هایت در میان

میوه ات مطلوب و عمرت بی حساب   شور هستی باشد ت در جسم و جان

سالهائی دور در یاد آورم   هر زمان کشتی پر از باری گران

میوه هایت چید مادر با شتاب   برد آنها منزل همسایگان

تا خورند از میوه های دلکش ات   شادمان گردند زانها کودکان

سالها گشت و دگر مادر برفت   کودکان گشتند مردان و زنان

کوچه رنگ دیگری گردید و شد   خانه های تازه ای در آن عیان

لیک صحن منزل مادر چنان   نقش ثابت مانده در سیر زمان

گوئی آید مادر از نو در چمن   نغمه ها سازند زیبا مرغکان

مادر از شاخت بچیند میوه‌ات   صحن بستان بر فروز شادمان

لیک در خاطر بود این نقش خوش   نیست جز یادی ز لطفش بر زبان

کاش در بحبوحهٔ این زندگی   خیره بر گردونهٔ این آسمان

من به مانند تو بودم ای درخت   سبز و آزاد از غم کون و مکان

پر بر و پربار، نشستم به جا   جان ندید از آفت دوران زیان

ای درخت سبزِ باغ ای یادگار   در دلت بس یادها داری نهان

میوه‌ات شیرین و عمرت بی‌گزند   ای نماد هستی فصل خزان

در سیل باران

ای دختر باران که بباری و بشوئی
از خاک همه تیرگی فصل زمستان

از خاک بروید سمن و لاله و نرگس
خرّم شود از نو چمن و دشت و گلستان

گلبانگ زند بلبل عاشق به چمنزار
آغاز کند هستی نو ساحت بستان

اما ز سر ابر بهاری نظری کن
بر مردم باران زده کشور ایران

مردم همه در بند و گرفتار بلایند
خلقند فرومانده و غمبار و پریشان

سیلاب شده جاری و برد هست ز هر جا
هر توشهٔ نوروزی و اسباب بهاران

بر جای سرود و نغمات خوش نوروز
برپا شده در کشور جم ناله و افغان

آهسته ببار اشک بهاری که نبینی
در کشور ایران خرد از خدعه فروشان

مسئول حفاظت نبود عالم و دلسوز

تا مسکن و ره سیل نسازد همه ویران

در کشور ملّا زده مسئول نباشد

فردی که شناسد سبب و چارۀ طوفان

هر کس به دلیل نسبی حاکم امر است

این ملک اسیر است به صد قبضۀ دوران

کارآئی افراد نیز زد به پشیزی

در پهنۀ بازار چنین زهد فروشان

در کشور ایران نبود راه و پناهی

از بهر مصیبت زدۀ سیل خروشان

کاش از در رحمت بزند نور محبّت

بر مردم ایران برسد چاره و درمان

از در برود دیو خرافات و تباهی

بر جاش نشیند خرد و دانش و وجدان

تا سیل بهاری نبرد هستی مردم

این ملک توانا شود و صاحب امکان

بر مردم محنت زده ای دختر باران

لطفی کن و آهسته ببار ابر بهاران

باشد که زداید دگر از مردم ما غم

در سینه بروید شعف و شادی دوران

درود

درودم بر تو ای یار دل آزار درودی چون نسیم از سوی گلزار

درودی پر ز مهر بی کرانه ز بهر یار بد خوی یگانه

درودی کز صفای دل بگوید ره ادبار و خودبینی نپوید

درودی چون نوای شوق بلبل سراید کو ز عشق نازنین گل

درودی کز سرای مهر خیزد به کبر و خودپسندی ها ستیزد

سراید داستان مهریاری نشسته پر شکسته بر کناری

ندارد جز دلی پر مهر و بی غش سراید نغمه های نغز و دلکش

ورای خودپسندی ها سراید به بام سرد، هستی برآید

بداند هستی اش کوتاه و سرد است مدامم با حریفان در نبرد است

درودم را شنوای یار دلدار   درودی گرم و پر مهر و سبکبار

سرآیم نغمه‌ای پاک از دل خویش   نجویم جز محبّت بهره‌ای بیش

که از جان خیزد و بر جان برآید   سرودی کان دلی عاشق سرآید

شو آنراکه خیزد از دل ریش   شو آنراکه بر سویت رود پیش

درودم را به بایست ریزم ای یار   به راه یار دلدار حقاکار

دریای عشق

ایزد یکتا نهاد این خانه بر بنای عشق   هر عبادتگه نماد در که و مأوای عشق

از شراب ناب عشقش جان مالبریز کرد   وز میش ماست و پای افتاده و رسوای عشق

چشم، هر خورشید نور افکن به پهنای جهان   از گرانی تاکران آئینهٔ زیبای عشق

آسمان با این همه فّر و شکوه بیکران   جایگاه انعکاس جلوهٔ دریای عشق

هر چه رخشد در چنین بی انتها ملک فلک   جزء ناچیزی بود از جملهٔ اجزای عشق

مایهٔ هستی هر مخلوق از خرد و کلان   قطره ای از چشمهٔ جوشان و هستی زای عشق

خاور اگر می عشقت آن چه در اجزای توست   برفروزد جان تو از شعلهٔ والای عشق

دل افگار

اشکم بچکید و این چنین گفت   کاحوال دلت مرا برآشفت

عمری به تکاپوی برفتی   وز سختی گیتی نشکستی

هر بار که از پای فتادی   پا در ره نو باز نهادی

آماج بسی حملهٔ دشوار   درگیر بسی صدمه و آزار

در غربت سنگین و غم آلود   در حسرت آن مأمن موعود

با شر تو ستیزه ها نمودی   وز پویش ره هیچ نسودی

حال از چه دل افگار بگشتی   با دیدهٔ غم بار نشستی

جنگ است همه، هستی دنیا   نیکی و بدی در ره فردا

آئیم که جنگیم در این راه / بی زاری و بی شکوه و بی آه

گر نیک بماندیم و برفتیم / شایسته ازین دار برفتیم

گر شر نخریدیم و نشستیم / توشی به جز از شر نبستیم

برخیز و زدا اشک ز چشمان / اندوه بران از دل و از جان

باید که توانمند بخیزی / با تیرگی و شر بستیزی

زاری و تضرّع نمائی / تا چیره و پیروز درآئی

در راه تعلّل نتوان کرد / با تیرهِ تعامل نتوان کرد

بر دل بنشان امید و ایمان / وز سختی ره مشو هراسان

تا جان به تنت هست به پا باش / در سایهٔ امداد خدا باش

دلداده

دلم در سینه دائم می‌زند پر   به طاق سینه‌ام هر دم زند سر

شده آشفتهٔ یاری دگر بار   به سان مرغکی عاشق گرفتار

ندانست این دل بیمار تنها   که هر دم می‌کشد باری ز غم‌ها

که روزی افتد او در دام عشقی   بخواهد نوشد او از جام عشقی

فروزد پرتو نوری دگر بار   درون سینهٔ تاریک غمبار

به پا خیزد دوباره روح خسته   که مدّت‌ها به تاریکی نشسته

ببیند او که از دنیا جدائیست   ز عشق و آرزو قلبش رهانیست

به سان مرده‌ای کز خاک خیزد   ز روحم گرد دوران واﺑریزد

رها گردد ز بیم و ناامیدی   شبش پایان بیابد با سپیدی

چنین قلب پر از آه و چنین شور   به شامی بس سیه تابد چنین نور

بر این رؤیای هستی خیره مانده / نهال زندگی در جان نشانده

رهی پویم ندانم مقصدم چیست / فقط دانم که قلبم در کفم نیست

بر قفل این دل پندی نگیرد / ز عقلم او دگر دوری پذیرد

دگر از عقل ره جستن روانیست / ره هستی ز راه دل جدانیست

درین ره پویم و هستی بجویم / گل زیبای هستی را بپویم

دل هرزه گرد

چند شرر بر فکنی، ای دل هرزه گرد من   شور کنی، شعله زنی سینهٔ سخت و سرد من

عشق شده آتش تو، سوز دار او جان و تنت   پرتو این شعله درد، هستی و روح و بدنت

سوزم ازین سوز و شرر، آتش تو جسته به جان   شعله به پروانه زند، شمع دل افروز زمان

شکوه کنی، گریه کنی، کم نشود درد و غمت   باز به هوش آی دلم، ای که نفهمی سخت

این شر و شور و حال تو، سوخته روح و جان من   بود سوی دری، گوش کن این فغان من

عمر رود وز آن سپس، حاصل دنیای دنی   باد رود در نفسی، رخت چو از دار کنی

حاصل دلدادگیت، نیست به جز رنج و غمان   ای دل بس فسرده ام، چند نمانی به جهان

بندگی در که تو، مایهٔ رسوائی من   تیره شود هستی من، ای دل شیدائی من

خیرهٔ پر شور مشو، شعلهٔ پر نور مشو   از ره من دور مشو، فتنه مجو، کور مشو

چیره به خود گر نشوی، تیره کنی باور من   راه مرا صعب کنی، سوی ابر داور من

شعله فروکش دل من، ای دل آزردهٔ من

عمر بود تیزروان، قلب بس افسردهٔ من

دنیای بی رحم

ژانویهٔ 2024 در بحبوحهٔ نسل کشی در غزه

درین تاریکی و حیرت نشسته   دلم از رنج مظلومان شکسته

برفته آدمیّت در ته گور   نتابد پرتوی از جانب نور

به جز رنج و فلاکت در میان نیست   غرور خودپسندان را کران نیست

جهان بازیچهٔ شیطان نماید   به هر سو آتشی دیگر فزاید

نه رحمی مانده بهر بی پناهان   نه شرمی از شقاوتها نمایان

بشر دیوی شده غرّان و خونخوار   بسی مردم به دام شر گرفتار

به غایت بی ترحم گشته دنیا   بسوزد جسم مظلومان سراپا

همه اشک و همه داغ و همه ننگ   حکومت می کند بی شرم الدنگ

چنین بی سیرتی دنیا ندیده / تو گوئی نیکی از گیتی بریده

به شیطان مردمان کرنش نمایند / به سفّاکان همه درها گشایند

نمی بینند کاین ره بر تباهیست / همه حاصل ازین دوزخ سیاهیست

خداوندا به سر آر این شقاوت / همه جور و همه شرّ و قساوت

به رحمت دست خلق این جهان گیر / رها از جور شیطان کن به تدبیر

که مظلومان همه محتاج لطفند / درین شب انتظار نور صبحند

برون فرما دگر شیطان ز جانها / به ما برتاب نوری ز آسمانها

که ما خرد و اسیر و بی پناهیم / گرفتار شبی سرد و سیاهیم

برون آور دگر خورشید رفعت / ز در کن این شقاوتها به شفقت

بسوزان ریشهٔ بیداد و محنت / ببخش و بر گشا درهای رحمت

دنیای وارونه

ازین دنیای وارونه، دگر حالم دگرگونه / ازین دار پر از کینه، دلم غمبار و نالونه

نبینم یاری از یاری، ز دست مردم آزاری / برفتند آن وفاداران، ازین گردون گردونه

به هر سو افکنم دیده، گل امّید خشکیده / نمانده شوری و شوقی، درین دنیای دیوونه

کجا شد بلبل بی غش، نوا و نغمهٔ دلکش / به هر سو دستهٔ زاغان، فراز دشت و هامونه

صفا دیگر نمی بینم، به ملک پاک دیرینم / شرور بی هنر هرجا، کفیل و رأس فرمونه

نه در غربت بود راهی، بدور از جهل و خودخواهی / نه نوری در وطن از حق، فروزان و نمایونه

دروغ این جا و هم آنجا، مکرّر گشته بی پروا / به هر سو آدمی حیران، ازین گفتار مجنونه

کسی از فقر می میرد، یکی دستش نمی گیرد / بشر از آز و بی رحمی، درین دنیا پریشونه

نمایش خانهٔ هستی، پر از ابهام و تردستی / فرو در حیرتم دیگر، ز رمز و راز این خونه

ازین خاک پر از تیره، که یاد در قفل و زنجیره / زندیر روح من وقتی، که آزاد و غزلخونه

رفته بر باد

ترنّم های پرشور دل نشاد	فغان از عمر کوته، رفته بر باد
دمادم بر کشید آوای فریاد	دل لرزان عاشق کنج سینه
که حیران کرد صد دلداده فرهاد	همان گیسوی زیبای پریشان
که سوزاند آتشش، هستی ز بنیاد	ز چشمانی که برقش زندگی بود
که در بستان نهال زندگی زاد	کجا رفتند آن ایّام زیبا
فضا پر از نوای مرغ دلشاد	شکوفان غنچه ها بر شاخساران
که چتر خود بر معشوقه بکشاد	خرامان بود آن دلداده طاووس
ز چرک غصّه ها و کینه ها آزاد	رها دل بود از ترس و زتشویش
نه پروائی ز سختی ها و بیداد	به هر منظر امیدی، آرزوئی
نباشد جلوه ای از ملک آزاد	به جا ماندست اکنون راه پر خم

خرابم من دگر از رنگ هستی   که کس رمز نهانش هیچ نگشاد

برفت آن روزگاران پر از شور   فغان از عمر کوته، رفته بر باد

رنگین

کمان عمر

نگه به آسمان کردم، رهی زیبا در آن دیدم ❀ بسی الوان گوناگون در آن رنگین کمان دیدم

به روی خاک استاده، نظر بر گنبد مینا ❀ به سان ذرّه ای ناچیز، خود را در میان دیدم

در آن نقش پر از الوان، جلال و شوکت هستی ❀ مجسّم بود و آنها بس فریبا و عیان دیدم

ولی آن قوس بس زیبا، بدش آغاز و انجامی ❀ سرانجامش به زیر ابر در آن آسمان دیدم

به خود گفتم که عمرم را بود آغاز و پایانی ❀ که پایانش نه چندان دور در دور زمان دیدم

چه بستم بار و چون کردم درین دنیای دیوانه ❀ همی دانم که بس سختی ازین چرخ گران دیدم

چو بر گیرم ره از گیتی، ندانم ره کجا باشد ❀ ز درک رمز این، هستی بسی خود ناتوان دیدم

چرا بودم چرا هستم چرا این ره همی پویم ❀ ندانم راز این دنیا چو خود را در جهان دیدم

همی دانم نبد آسان و من سعی گران کردم ❀ که بستیزم به دنیایی که بر کام خسان دیدم

ره درویش طی خواهد شدن، توشم عمل کردم   به زیر گنبد مینا بسی نقش نهان دیدم

روزنی به زندگی

در آن تاریکی سرد غم آلود

که دل در سینه خاموشی نهان بود

نه در سر آرزوئی و به جان شور

نه مهری کو فشاند هر کجا نور

شتابان در ره عمر پر از خم

پی کار و تکاپوی دمادم

روان در راه پیچ پیچی چو موران

همه روز و شبان همسان به دوران

نه تصویری ز فردائی نمودار

نه نقش دلکشی در سر پدیدار

که ناگه روزنی بر باغ بگشود

که شور هستی آنجا بر ملا بود

به هر جا شور بود و شوق دلدار

ز هر سو مرغکی زیبا پدیدار

که زد چهچه ز شور عشق یاری

نواخوان از شرار بی قراری

فراز آسمانش مهر رخشان

درختان هر کجا سبز و گل افشان

ترنّم بود در آوای رودش / نوای زندگی بود و سرودش

بدیدم چون چنین غوغای مستی / چنین شوریدگی و شوق هستی

بدانستم که شوری در دلم نیست / شرار زندگی اندر گلم نیست

نه مستی در تنم آتش فروزد / نه از سوزی دل و جانم بسوزد

بدانستم درین ره خسته جانم / برون از باغ، مرغی ناتوانم

ببینم باغ، هستی و بدانم / که بی حاصل درین صحن جهانم

سپارم عمر لیکن زنده آن نیست / که در دوران عمر خود فقط زیست

هر آنکس آتشی در جان ندارد / نشاید "زنده" نام خود گذارد

سپردن عمر نامش زندگی نیست / هدف از زندگی بیهودگی نیست

به باغ زندگی باید گذر کرد / غم و حسرت ز جان باید به در کرد

چو جان باشد به تن، دریاب او را / به کف ساغر به مسکن سبو را

شمه آوای دل زیرا نباید   دگر بارت زمانی کو سرآید

ز هستی بهرۀ خود گیر زان پیش   رود جان و نمانی زان دگر بیش

ستارهٔ خاموش

سوزنان ستاره ای از کنج آسمان / سر برکشید از دل آن اوج بیکران

لفت او که از سیاهی دنیا دلم گرفت / افتاده ام به دور زجمع ستارگان

انوار خود فرستم از اینجا به راه دور / لیکن جوار من بنشسته است چاه کور

هر موج نور در دل آن میشود فنا / پیغام نور من نتواند کند عبور

تنها و خسته در خم دنیا نشسته ام / از این همه سیاهی ره دل شکسته ام

دورم ز اختران درخشان آسمان / در گوشه ای غریب و گرفتار و بسته ام

این حفرهٔ سیاه که مینم درین جهان / می بلعد هر چه نور بتابد ز اختران

فریاد برکشم ولی آن نیز کم شود / در سایهٔ سیاهی این جور بی امان

آنقدر نور خود بفرستم به راه پیش / تا شعله ای دگر نزند از دل پریش

آنکه که سرد و خشک شوم در سکوت خود / این حفرهٔ سیاه ببلعد تنم به خویش

ای آسمان چرا بنمودی مکان من / نزدیک حفره ای که شود خصم جان من

تا کی ببلعد این همه انوار هستیم / تا کی تباه و تار کند او جهان من

نومید از گلایه و فریاد و هم و کوش / سوزنان ستارهٔ نالان بشد خموش

برتافت نور و خیره بر آن حفرهٔ سیاه / درکنج سینه کرد نهان آتش خروش

به مناسبت قتل سردار قاسم سلیمانی، 3 ژانویهٔ 2020

سردار دلاور

سردار دگر پردهٔ پندار دریدی
از این قفس خاک بر افلاک پریدی

پیروز بگشتی به همه لشکر داعش
دشمن بنهادت پس از آن دام پلیدی

خود بین ستمکار تت غرقهٔ خون کرد
بر خاک بر افکند سرافراز رشیدی

در لانهٔ تزویر بجز فتنه نیابی
در عمق سیاهی نزند صبح سپیدی

خائن نتوان کرد تحمّل که نماید
هر راد دلاور هدف تیر و شهیدی

باید که فرور یخت چنین دار خرافات
تا در دل شب باز زند نور امیدی

برخیز سپاهی بنشان داد به مسند
با تکیه به مکّار به مقصد نرسیدی

وقتت دلیران بنشاسند که دیگر
از بهر مزوّر نتوان کرد مریدی

یاد تو گرامیست به جان راد دلاور
بر بام سماوات خدا یر بکشیدی

سرگشته

گل بودی و گل خانه رها کردی و رفتی   پر سوخته آخر دل ما کردی و رفتی

امّید ازین خانه برون رفت از آن پس   کز این گذرت راه جدا کردی و رفتی

آسایش جان بودی و آرامش خاطر   ای یار چه دانی که چها کردی و رفتی

غم با که بگویم که دل آرام تو بودی   در روح من این شعله به پا کردی و رفتی

آشفته و سرگشتهٔ گردون دل آزار   می چرخم از آن پس که جفا کردی و رفتی

در این دل آشفته دگر تاب و توان نیست   یارا گذرت را به کجا کردی و رفتی

دیگر به کجا رو کند این خستهٔ بیدل   دلداده گرفتار قضا کردی و رفتی

سرمست

خوشا آن دل که از عشقی بسوزد :: هر آن چهری که از شادی فروزد

فروغ دیدگان پر ز خواهش :: نگاه پر ز مهر و پر نوازش

خرامان یار ساغر برده بر دست :: شراب هستی اش گرداننده سرمست

هراسان یار در امّید دلدار :: شبانگه در خیال او گرفتار

خوشا رقصنده ای بی باک و پر شور :: که نقش او نماید باده پر نور

صدای جان فزای نغمه ساز :: که با سودای دل گردد هم آواز

نوائی کز خروش دل بگوید :: گل سرخی که با عشقی بروید

شراب تلخ گرمابخش جانسوز :: شرابی شور بخش و سینه افروز

خوشا آن جان که دردش را رها کرد :: ز خود جور و غم دنیا جدا کرد

شد او همچون پرستوهای آزاد   نواخوان با سرود و نغمه‌ای شاد

سبکبال او شد و سر را برافراشت   رها شد از غمانی کو به دل داشت

به راه کهکشان زندگی رفت   بری از خاکدان بردگی رفت

سیه کار

ای آخوند حیله گر تا کی تبه کاری کنی
تا به کی خلقتی بسوزی و دغل کاری کنی

یک زمان گوئی که دزد ارشدی پاکیزه است
تا به کی با جمع دزدان این هواداری کنی

میکشی راد و بلند آوازه و آزاده را
تا به کی از بهر قدرت هر سیه کاری کنی

هیچکس در این سرا جاوید و پا برجا نبود
لیک غرق خودپسندی هر ستمکاری کنی

ما همه مهمان این دهر و تو بهر جاه و مال
با جنایت پیشه و شیّاد همکاری کنی

بر نشینی بر سریر و بر زنی فریاد حق
یا به خلوت میری سی هر نزمش و خواری کنی

باورت ناید که ایزد در جهان پاینده است
تا به کی با خلق داور این ریاکاری کنی

آگه است ایزد ز هر کردار و هر پندار ما
کور حقّی و به هر نامردمی یاری کنی

بر نتابد ملّت ایران چنین روی و ریا
میکشی مردان حق، وانکه عزاداری کنی

بر ملا شد جورت ای گندم نمای جو فروش   شرم بادت کین چنین بیداد و بدکاری کنی

شور دل

ای مرغ سحر پرتو امّید نبینم — از این چمن سبز گلی تازه نچینم

چهچه زنی و پر زنی و نغمه سرائی — لیکن غم دوران شده در بنیه عجینم

هر سو به جهان مردم عیّار توان دید — عشّاق پریشان به ره یار توان دید

آتش به دلان، شیفتگان، باده گساران — مستانه ز شوق رخ دلدار توان دید

هر کو که در آمد به جهان، شور به دل داشت — پوئیده ره عمر چو امّید به دل کاشت

از آتش جان با غم ایّام بجنگید — از بذر امیدش ثمری بود و برداشت

گر نور امیدی نبد و عشقی و یاری — هنگامهٔ هستی نشیدی ز دیاری

این معرکه و بازی ایّام ندیدی — در این کرهٔ ارض نبد جز خس و خاری

از شور دل است این شرر آتش، هستی — کوشش به ره زندگی و شادی و مستی

گر دل نزند شور، تبه گشته ز آغاز / هستی، و جهان را نبود پایه و بستی

بر پایهٔ عشقت که این چرخ بگردد / سیّاره کند گردش و بر خویش بچرخد

گر عشق گریزد همه ایّام سیاهند / این، هستی پر سختی ما هیچ نیرزد

گر گوش ببندی ز هیاهوی دل زار / خاموش کنی همچو من آن قلب گرفتار

سردی بود ت در ره و شادیت گریزد / از جان ستمدیدهٔ پژمردهٔ بیمار

دریاب اگر آتشی از عشق به جان زد / افروخت شرر از دل و بر کون و مکان زد

خاموش مکن شعلهٔ آن گر که توانی / چون گرمی عشقت که به نوری به جهان زد

شور زندگی

کجا شد شور و شوق زندگانی   کجا رفتند آن یاران جانی

نه لبخندی به لب آید دگر بار   نه در سینه دلی آشفتهٔ یار

نه در ساغر شرابی مانده دیگر   نه مستی افکند شوری درین سر

سکوت است و سکون در سینه جاری   نه آثاری دگر از بی قراری

نخواهم این دل سرد چنان سنگ   نخواهم دیگر این دنیای الدنگ

جهانی پر شقاوت، بی ترحّم   جهان ناکسانی همچو کژدم

جهانی کو ستیزد با دلیران   به مسند هانشاند او شریران

دل آزادگان سازد پریشان   به سر آرد شکیب و تاب ایشان

بسوزاند دل فرزانگان را   برافرازد لوای سفلگان را

حکیم و با هنر را سخره گیرد / چه زند از بی شرافت ها پذیرد

جهانی کو پرستد سیم و زر را / نداند او خدای خیر و شر را

درین گیتی کجا دل خواند از شور / کجا در او بیفروزد دگر نور

بمیرد دل درین تاریکی شام / ز رنج پستی دنیای بدفام

شده این خاکدان ایوان شیطان / نمانده عزّتی از بهر انسان

دلم گیرد ازین بیهودگی ها / ز رفتن ها و از فرسودگی ها

بریزد قطرهٔ اشکی به دامن / سپس نجوا کند آن قطره با من

که گردون گردد و طرحی بریزد / گهی با خیر و گه با شر ستیزد

بدان ابلیس میسوزد سرانجام / که دوزخ باشدش مأوا و فرجام

به دل امید دار و یر توان شو / ز نو بریای خود خیر و جوان شو

نشان بر دل امید زندگانی — شرار عشق و امّید و جوانی

به نیکی کوش و از ظلمت بری شو — به راه پر جلال سروری شو

بود گر از جهان بیداد خیزد — دگر از چهر او زشتی بریزد

شود بر وفق و بر کام نکوکار — نماید جام بدکاران نگونسار

گشا دل را و امّیدت بیفزا — که گردد باز دنیات دل افزا

غبار مردگان

از سپاه و ارتش ایران نبینی جنبشی   گوئیا بنشسته بر آنان غبار مردگان

روضه خوان بر تخت بنشانند و تعظیمش کنند   تا فروشند ملک و ملّت بهر ابقا در میان

کشور ایران شده بازیچهٔ بیدادگر   روضه خوانان حاکمان و صاحبان این دکان

روسیه ارباب ملّت کشته و مالش برد   انگلیس از سوی دیگر مالک گاز کلان

روضه خوانان باقی ثروت به نام خود کنند   مردم ایران اسیرانند همچون بردگان

دزدی اموال کشور سر به رسوائی زده   ملّتی در فقر و عسرت مانده تنها در جهان

در کجا جمعی چنین نادان شد ارباب امور   سالها شیّاد کشتیبان شد و مردکان

از خرافات و حماقت دم زنند و در خفا   هر چه خواهد اجنبی گیرد ازین "ملک کیان"

کشور ایران شده جولانگه دزدان دهر   ای سپاهی، ارتشی، برخیز و کشور وارهان

ملّت ایران تهیدست است و با خون جگر   میکشد فریاد استیصال از غار تنگران

در چنین قرنی ندارد بهره ای از مال خود   حقّ او شلّاق و هتک حرمت آزادگان

ملّتی در بند مانده ست و ندارد حرمتی   هیچ کشور را نباشد نکبتی اینسان گران

جبههٔ دستاربندان حاکم ایران شدند   تا که ملّت را به بند آرند جمع سفلگان

ای سپاهی، ارتشی، بس کن دگر این خیرگی   از سریر افکن دگر آخوند و جمع "خبرگان"

دیدگان بگشا و با ایرانیان همساز شو   دولتی بنشان که جوید راه حق در این زمان

دولتی عاری ز آز و خدعه و بی همّتی   دولتی آگه ز ایران و ز نقشش در جهان

غرور

گل سرخی به ناز و عشوه بشکفت   به اطرافش نظر کرد و چنین گفت

کجا زیباگلی چون من عیان بود   کجا نقشی چو رویم در جهان بود

نه عطری بی نظیرم را کسی یافت   نه چون من بی مثالی این چمن ساخت

من اینجا بی بدیل و دلنوازم   من آن زیباترین یکّه تازم

همه گلها در اطرافم چو خاشاک   کند بلبل ز عشقم سینه پرچاک

صبا رخساره ام بوسد سحرگاه   بشوید ژاله رویم را شبانگاه

درخشانم چو لعل اینجا نمایان   درین بستان بود نقشم فروزان

نبوده ست و دگر ناید چو من گل   ندارد در کنارم جلوه سنبل

چو گل با کبر و خودبینی سخن گفت   به تحقیر از اقاقی و سمن گفت

گل زردی زبان بگشود بر او   حقیقت این چنین، بنمود بر او

بگفتش ای گل سرخ درخشان   به مانندت هزاران شد شکوفان

به سان تو برویاند گلستان   بیاید ز گلها صحن بستان

ولی پژمرده گردد گل سرانجام   بگیرد گل گر خش را خاک در کام

چه رنگت سرخ باشد یا چو من زرد   بگیرد سر به سر با خاک دلسرد

بزاید گل دوباره خاک بستان   ز هر نقشی و رنگی در بهاران

بود دور جهان را این تسلسل   نپاید با چنین دوری تقابل

بیائیم و به خود مغرور گردیم   به افسون جهان محصور گردیم

فنای خود نبینیم و ندانیم   که در این دار دنیا میهمانیم

برقص ای سرخ گل تا وقت داری   که تا چشمی زنی همسان خاری

نشاید گر به گلها بر ستیزی   ز چشم نرگسان اشکی بریزی

که گلها و ریاحین تابناکند   ولی لختی دگر در کام خاکند

بران از خود دگر این سرگرانی   سیار این زندگی با مهربانی

در این بهبوحه خودبینی بپوشان   در اطراف محبّت را بیفشان

که در غایت نماند نقش رویت   ولی در یاد ماند عطر بویت

غریب دنیا

کاشکی بیادِ یه روزی، پر بزنم سوی تو / در بغلت بگیرم، بوسه زنم روی تو

چشمای مهربونت، به روی من بخنده / درهای ناامیدی، از همه سو ببنده

با دل پر محبّت، باز بشینی کنارم / حرف دلم بشنوی، قصّهٔ روزگارم

سر بذارم رو سینت، بگم چها کشیدم / رنگ و ریای دنیا، دور از تو هر چه دیدم

گلی که کاشته بودی، باز تو چمن سرزده / قشنگ تر از همیشه، مثال ساغرزده

سراغتو میگیره، درخت ارغوونی / یار عزیز ترینم، چشمهٔ مهربونی

رفتی و من جا موندم، دور از تو تنها موندم / بی یار غمگسارم، غریب دنیا موندم

در بهٔ غصّه ها، راهو به من نمودی / خسته اگر میشدم، بهشت من تو بودی

وقتی زمان غروب، کنار تو نشستم / با خندهٔ قشنگت، درهای غم رو بستم

می تیه دل تو سینه، بر میزنه برات / عاشق روی ماهت، منتظر صدایت

کجائی ای یار من، عزیز دنیای من

بی تو غریبم اینجا، انیس رؤیای من

فصل دل افزا

دوباره فصل تابستان عیان شد   به صحن باغ جوئی خوش روان شد

گل و سنبل به وجد آمد دگربار   نوای مرغکان از آشیان شد

برفت از آسمان ابر سیه فام   فروزان مهر عالم در جهان شد

درخشان گشت ماه پر کرشمه   نگین اختران بر آسمان شد

درین فصل پر از زیبائی و نور   بود دگر جام ما پر ارغوان شد

شکوفان شد گل شادی به دلها   به بستان مرغ هستی نغمه خوان شد

به برآمد ز نو یار دگربار   شرار عشق و مستی پرتوان شد

پریشان لشکر غم گشت و دیگر   خموش و سرشکسته در نهان شد

غنیمت باشد این فصل دل افزا   که از شور و شعف گیتی جوان شد

بگیر از این جهان کام دلت را   که تا چشمی زنی، فصلت خزان شد

فقلی

عزیز کوچکم بودی و رفتی — ز دام این جهان جستی، گسستی

به چشمانت امید زندگی بود — شرار سرکش پایندگی بود

نگه کردی به من با مهر بسیار — تو ای زیبای کوچک، بهترین یار

ولی در جسم تو ضعفی عیان شد — که بیمارت نمود و خصم جان شد

ز بیماری حیاتت گشت چون زهر — بسی رنجت بدادا این پرستم دهر

دگر دارو به جسمت بی اثر شد — توان بازی از جسمت به در شد

نبودت قدرت تفریح و شادی — عزیز کوچکم، از پا فتادی

ترا در برگرفتم چون برفتی — زمانی کز بر من پر گرفتی

کنون تصویر زیبایت بماندست — به دل حسرت ز دیدارت بماندست

برفتی از چنین دار شرربار   برفتی فقلی، یار و فادار

به دل مهرت به جا باشد همیشه   همه یادت به جا ماند همیشه

قتل نخبگان

دوباره عدّه‌ای افراد مزدور ::: هدر دادند جان نخبگان را

ز بهر خدمت ارباب خونریز ::: بکشتند این جوان و آن جوان را

بود بی‌رحمی آنان نمودار ::: که بی‌پروا کشند این مردمان را

ولی پست و دنی کیفر نگیرد ::: نباشد جرم و زندان قاتلان را

چو عمری خدمت یگانه کردند ::: که بر کشور رساند هر زیان را

شدند آنان رئیس ملک ایران ::: نشانیدند کرسی محرمان را

هواپیمای مردم لاجرم سوخت ::: چو شد دستور کشور خائنان را

چو جاسوسی شد ارباب حکومت ::: به غارت داد او مال کلان را

خود ورش هم به سر آمد نبودش ::: سزا و کیفر جرم گران را

ندیدست این چنین افراد مزدور 	چنین بیداد بس نامردمان را

چنین کشور که پرورد ست در خود 	بسی دانش پژوه و عالمان را

چه سنگین است آن قاتل که گیرد 	چنین جان عزیز زبدگان را

نیندیشد از انجام پلیدش 	همه تاوان قتل خادمان را

بسوزد قاتل پست جوانان 	خدایا سر کنم اینسان فغان را

گروهی قاتل رذل ریاکار 	به خون آغشته خاک این جهان را

کمر زن قاتل و خائن خدایا 	به زیر آور دگر این سفلگان را

قلب پاره

در آسمان تیره نشان ستاره نیست   از درگهی نجاتی و اسباب چاره نیست

بر زورقی شکسته به دریای غم روان   هر سو که بنگرم اثری از کناره نیست

بیداد بس که این دل خونبار من کشید   در سینهٔ شکسته به جز سنگواره نیست

پایان نگیرد این شب تاریک بی امان   چشم به ره نماند و نگاهی دوباره نیست

فریاد در گلو بشکست و توان نماند   در جان خسته آتش شوق و شراره نیست

در حیرتم ز پستی و بیداد مردمان   بر حال زار من مددی و نظاره نیست

گویی که دوزخی شده جانم درین میان   از هیچ جانبی سببش را اشاره نیست

در گیر روزگار سیه گشته هستیم   این فصل خشک بی شفقت را بهاره نیست

غمهای بی امان نگشایم به مردمان   درد که همدمم به جز این قلب پاره نیست

گل توفیق

سایهٔ ابر سیه رفت و سحر باز آمد
هدهد خوش خبر دشت به پرواز آمد

ارغوان شاخه بیاراست به صد عشوه گری
مرغ خوش خوان به سر سرو سرافراز آمد

آرزو گفت کشا پنجره بر باد صبا
نغمهٔ دولت بیدار در آواز آمد

این ندا داد که دور از غم و مستانه نشین
بار دیگر فلکت یار و سبب ساز آمد

دست افشان و شکایت دگر از بخت مکن
کوز در خنده لب و یاور و همساز آمد

گل توفیق ببوی ار که شگفده به برت
کاین صنم از پس صد شکوه و طناز آمد

کام خود گیر ز ایام که تا چشم زنی
بار دیگر تعبی تازه به آغاز آمد

در این میکده نگشوده به ما تا به ابد
ساغری گیر اگر ساقی پر ناز آمد

نغمهٔ عشق سرا مرغ نوا خوان که ز نو
شاید از اوج سما بال و پر باز آمد

پر ز آلایش و اسرار بود این گردون   کس ندانست چه در چرخهٔ پیر راز آمد

پر ز آلایش و اسرار بود این گردون   کس ندانست چه در چرخهٔ پیر راز آمد

گل زرد بهاری

گل زیبای زرد نوبهاری	برقصی با نشاط و بیقراری
بروئی در چمن هنگام نوروز	شب و روزان خوش در خاطر آری
شراب هستی ات هر ساله پر شد	دوباره پرطراوت خوش نگاری
زوالت نیست ای زیبای گلها	به هنگام بهاران در کناری
چه می شد گر به ماند تو زیبا	من و ما بر شدیم از خاک زاری
به پا بر خاستیم از جا به شادی	بداد هستی به ما از نو شراری
پس از صد سال و ماه و هفته و روز	میسّر شد ز نو دیدار یاری
ولی افسوس کاین عمر من و ما	سپارد همچو ابری از گذاری
من و ما غافل از این عمر فانی	نیابیم از ستیزه قراری
به یاران دل بندیم و ندانیم	که این دنیا ندارد اعتباری
گل زیبا بر قص و شادی افزا	که در بستان بمانی یادگاری

درین گلشن همه ساله بیابی   در اطراف شکوه لاله زاری

گور سرد

ز گوری گذر کرد فرزانه‌ای   بدیدا و کسی همچو پروانه‌ای

بگردید بر حول آن گور سرد   بگرید بر چهره از فرط درد

بگفتا که مردی برفت از میان   همانند او کس نبد در جهان

نمازش نشد ترک هر شب و روز   نبودش تمنّای عشقی و سوز

شرابی ننوشید و پاکیزه بود   به معروف لب در جماعت گشود

چه زاهد آن پاک دیرینه دوست   بهشت جهان جای امثال اوست

به او گفت فرزانه کاین یار تو   نبودش گناهی به پندار تو؟

نلرزید قلبش ز دیدار کس؟   نبود او مرید و هوادار کس؟

ننوشید و عشقی نبودش به جان؟   بگرداند تسبیح خود بی امان؟

چنین آدمی را نشاید ستود   که مردم نبود او و هر آنکس که بود

چه زاری نمائی ز مرگش چنین؟   بباری سرشکت چنین بر زمین؟

دلی کو نلرزد چو چوب است و سنگ   چنین دل تپد بهر ارباب رنگ

هر آنکو نبودش شراری به جان   به مانند سنگی بد او در میان

بیامد ولی زندگی او نکرد   که تا جای او شد همین گور سرد

مقتول گمراه

کشته شد در کنج زندان فرد گمراهی دگر — بر شد از هر سو فغان کاو بوده ننگ هر بشر

این یکی گوید که او غرق فساد و هرزه بود — وان یکی نالد که بودست او غریق فسق و شر

این یکی باشد پر آن کشته را لعنت کند — وان یکی گوید که دوزخ بایدش جا و مقر

گویا این مردمان آئینه را گم کرده اند — کور عیب خویش و ناآگه ز دهر قتنه گر

بوق و کرنا می‌زنند و نقد آن گم‌ره کنند — دیو از آن کشته می‌سازند از پا تا به سر

هیچ نگشایند کان گم‌ره بسی هم‌ره بداشت — همرهانش صاحب جاه و نفوذ و زور و زر

مرد را کشتند تا مخفی بماند جرمشان — مجرمان یاران وی باشند هر جا سر به سر

خودکشی نامند مرگ گم‌ره بدبخت را — قاتلانش در امان مردمان بی خبر

گر شهامت باشد انسان را که بیند روی خویش — خود شناسد بانی فسق و فجور و هر شرر

تابش وجدان و عقل و داد خود را وانهد — تابش انوار حق بر او نیاید بس اثر

مکر و آز و خودپسندی می جوید از ریشه‌ها
پایه‌های هستی و آسایش نوع بشر

ندارم شانه

هایت را

ندارم شانه هایت را، ای انیس روزگارانم　　　شریک باوفای شام تار و صبح خندانم

ندارم شانه ات را تا سرشک غم بر آن بارم　　　ندارم سینه ات تا سر بر آن محراب بگذارم

دل از اندوه می گرید، سرم سامان نمی گیرد　　　به خود می پیچم از درد و توان در سینه میمیرد

به هر سوئی بود پیدا نبردی تازه در تکوین　　　نشسته قلب من در خون درون سینهٔ سنگین

ندانم ره کجا پویم، کدامین چاره را جویم　　　ندارم پند و آرامش زیار خوب دلجویم

تو بودی غمگسارم در پریشانی و در تنها　　　تو بودی مایهٔ امید من در سایهٔ شبها

تو بودی مرهم دردم، تو بودی چارهٔ هر غم　　　تو بودی آن چراغ ره، تو بودی همره و همدم

کجا جویم نگاهت را، کجا یابم صدایت را　　　کجا شد چهرهٔ پرمهرت، کجا بینم صفایت را

روم افتان و یا خیزان، ز بیداد زمان گریان　　　نه گلبانگی، نه امید نجاتی از دل طوفان

ندارم شانه هایت را عزیز خوب دلبندم / درین زندان اسیر صد ستم در گیر و دربندم

تراجویم ببر با خود مرا ای یار دیرینه / که دل خون شد ز جور این جهان سخت پرکینه

ببر این مرغ زندانی که تا او از قفس خیزد / برد بر بام و غمها را دگر بر خاک بر ریزد

نغمهٔ ساز

درین ابهام و تاریکی صدای ساز می‌آید
صدائی از ورای کهکشان راز می‌آید

نوای ساز گوئی از شرار زندگی گوید
ز بهر گوش هر رهرو که راه زندگی پوید

ولی از زخمهٔ سازش نوای مبهمی آید
نوائی کز ورای عرش روح رهروان ساید

نوای شادی و غم هر دو جاری در صدای او
بود هر زخمه‌ای نجواگری در این نوای او

برانـد مردمان در ره به سوی مقصدی مبهم
گروهی مردمان دلشاد و جمعی دیگر اندر غم

روند اندر ره ولی آگهی از راز این رفتن
چرا آیند و مقصدرا چه باشد از چنین رفتن

بسی افتاده در راه و بسی هنگامه در هستی
بسی در گیر و بد بختی، بسی در شور و در مستی

گروهی شاد و خندان و گروهی پر غم و حرمان
گروهی کامور گشته، گروهی خسته و گریان

گروهی دست بر سر برده و دائم خدا جوید
گروهی دیگر انسان را وجودی بی بها گوید

چرا دنیای ما بازیچه‌ای در کهکشان گشته
چرا انسان چنین بیمار در دور زمان گشته

ندانم من چه گوید این نوای ساز با انسان   چه باشد قصد این دنیای بی آغاز و بی پایان

رهی پویم که با چشم پر اشک و دل پر غم   به زیر گنبد مینا عیان باشد بسی ماتم

نگفته است و نخواهد گفت رازش را به انسانها   چنین دنیای پر اسرار در تاریخ و دورانها

بود لیکن اگر این ساز نجوائی دگر گوید   بود گر رهرو خسته به دلشادی رهش پوید

چو ما مهمان این دنیا و این دنیا به پا باشد   چو جان ما فنا گردد چنین دنیا به جا باشد

نشاید گر که با مهمان درشتی سازد این گیتی   نشاید گر که با زشتی به ما تازد چنین گیتی

رهی پویم و که اسکلی چکد بر خاک از چشمان   که رویاند ز خاک ره گل امید در دوران

به دنبال شیوع جهانی ویروس کرونا سروده شد

ویروس

بشر با خنده و نخوت چنین گفت / که داند طرح و نقش آفرینش

به کف آورده او اسرار خلقت / ببالد بر چنین تحقیق و بینش

تواند چیره بر دنیا بگردد / در اوج اقتدار و خودپرستی

بسازد در خفا ویروسی از نو / دخالتها کند در نقش هستی

رها سازد به جان دشمنانش / چنین ویروس مرگ آور به هر جا

هلاکت بر رساند بر رقیبان / بماند غرّه و پیروز بر جا

ولی غافل که این ویروس تازه / نماید هستی دنیا دگرگون

بسوزد خشک و تر در آتش او / زند بر جان انسانها شبیخون

بشر دیگر مهار آن نسازد   به جان مردمان هر جا بتازد

بشر ماند که با این خلقت خود   چگونه بر سیه روزی بنازد

درین صد ساله هر کشفی بشر کرد   به راه تیرگی آن را بپرداخت

ز فنّ هسته‌ای تا علم خلقت   از آن ابزار مرگ این و آن ساخت

چنین دانش که در راه سعادت   فروزد راه خلق این جهان را

به دست عدّه‌ای مغرور و نادان   بسوزد جان و مال مردمان را

نبیند خودپسند آتش افروز   که دانش را دو صورت در جهان بود

تواند ساخت فردوسی پدیدار   و یا دوزخ ز آثارش عیان بود

درین بحبوحه شاید پند گیرد   بشر از خبط خود عبرت پذیرد

که با خلقت نشاید کرد بازی   که تا نسلش در این دنیا نمیرد

همدم کوچک

در رثای قفلی عزیزم سرودم . 18 فوریهٔ 2024

رفتی ای یار شب و روزان من / مهر تو باشد همه در جان من

بس به جسمت تاخت دهر پرستم / طفلکم ، بازیچهٔ دوران من

بسکه بیماری کشید آن جسم تو / اشک ها بارید از چشمان من

کوچکم دنیا سرائی پر غم است / مانده حیران در خمش اذهان من

هیچ معلومم نشد اسرار دهر / یا کجا باشد دگر سامان من

بر گرفتم دوش جسم ناخوشت / دیده ات بر من بد و دستان من

چون نفس از سینه ات نامد دگر / می چکید اشک از همه مژگان من

دیدمت رفتی و من بگذاشتی / حیرتم از این همه حرمان من

رفتنت ای کوچک زیبا و شوخ

سوخته است این قلب پر افغان من

یک به یک رفتند و من بگذاشتند

مهربانان و همه یاران من

کوچکم بودی و مهرت داشتم

بر تو هم رحمی نشد بی جان من

مانده ام غم بار و بی حاصل به ره

کاش دیگر بر رسد پایان من

زندگی جز باری از حرمان نبود

زخمها دارد دل ویران من

کاش ناید در جهان بی طالعی

کو سیارد عمر خود همسان من

به دنبال کشته شدن هفت دانشمند ایرانی

هم وطن

هم وطن در آتش بیداد و نفرت سوختی — مشعلی گشتی و در داری سیه افروختی

علم و فنّ توسعه دنبال کردی بی امان — تا که از درگاه دانش درسها آموختی

جرم تو فرزانگی بود دست و کار و همّت — بهر تحصیل و پژوهش عمر خود بفروختی

تا که در بحر خرافه پا نگیرد صنعتی — دیده بر حکّام بس بی مایه مردم دوختی

در سرائی این چنین علم و هنر اندوختی

هم وطن در آتش بیداد و نفرت سوختی

در چنین کشور که جان مردمان بی ارزش است — مال ملّت بین جمعی بی خرد در گردش است

زن اسیر است و کنیزی از برای بستر است — حقّ او در حدّ یک دیوانهٔ محنت کش است

بی وطن هر جارئیس است و بدزد مال خلق — بهر حقّ گویان کشور تیرها در ترکش است

آرزومند جوان بیکار و بی حاصل بود — دارو زور و اسلحه پاسخ به هرز حمکتش است

در سرائی این چنین علم و هنر اندوختی

هم وطن در آتش بیداد و نفرت سوختی

دولت یگانه دائم غارت از کشور کند   روضه خوان فرمانده ای بر ارتش و لشکر کند

آستان بوسان ملایان به مردم حاکمند   مکر و الفاظ دروغین گوشها را کر کند

مال مردم می برند و جان آنان صاحبند   هر که یابد مسندی از دیگری بدتر کند

در لوای دین چنین دکان ندیده ملّتی   آن که باشد گو دگر این خدعه ها باور کند

در سرائی این چنین علم و هنر اندوختی

هم وطن در آتش بیداد و نفرت سوختی

اجنبی سوزد تن و جان جوانان این زمان   شعله ها خیزد ز بمب و آتش یگانگان

ملّت ایران گرفتار دو دشمن کشته است   خارجی از سوئی و سوی دگر هم روضه خوان

رهزنان دارائی خاک وطن را می برند   پول نفت مملکت در جیب غارتگر روان

این میان در گیرودار گردان بماند ملّتی   کاین چنین حکّام بی رحمی بدارد در جهان

در سرائی این چنین علم و هنر اندوختی

هم وطن در آتش بیداد و نفرت سوختی

آسمان کاش این همه رنج و تباهی را بدید
کاش فریاد دل این ملّت تنها شنید

کاش بانگ طفل معصوم چنین دار و دیار
برفراز جایگاه کبریائی سرکشید

کاش بر این سرزمین بارید بارانی ز مهر
کاش وقت ظلم ضحاکان ایران سر رسید

کاش بر پایان رسید عمر تباهی در وطن
ای پژوهشگر که جسمت شعله ای در بر کشید

در سرای این چنین علم و هنر اندوختی

هم وطن در آتش بیداد و نفرت سوختی

A Brief Biography of the Poet:

Dr. Fleur T. Tehrani was born and raised in Tehran, Iran. She lives with her family in California in the United States of America. Dr. Tehrani is a Professor of Electrical Engineering Emeritus at California State University, Fullerton, USA. She holds a B.S. degree in electrical engineering from Arya-Mehr (Sharif) University of Technology, Tehran, Iran, a graduate diploma (D.I.C.) from Imperial College of Science and Technology, London, UK, and M.S. and Ph.D. degrees in electrical engineering from University of London, London, UK. Dr. Tehrani has published sixty peer-reviewed articles, and many book chapters and scientific reports, in the fields of biomedical and electrical engineering, mathematics, and Physics. She is the inventor of the first metabolic rate monitor based on cardiac function and the first commercialized automatic ICU ventilation system in the world, known as Adaptive Support Ventilation. She solely holds thirteen issued US and foreign patents. Many of her patented inventions are commercialized and two of her issued patents have been licensed to industry. She has been a reviewer of many books and scientific journals and has served as an Invited Panelist for several US research funding institutions including the National Institute of Health (NIH) and the National Science Foundation (NSF). She has served NASA and has received many awards for her research contributions. Dr. Tehrani is a Life Fellow of National Academy of Inventors (NAI), a Fellow of the Institution of Engineering and Technology (the IET), a Fellow of the Institute for the Advancement of Engineering, and a National Life Member of Graduate Women in Science (GWIS). Dr. Tehrani is a poet and has published four books of Persian poetry to date. Her first book of poetry entitled "Another Spring" (Bahari Degar) was published by Publications in Psychology and Arts in Iran in 2012, her second book entitled "the Traveling Bird" (Parandeh Mosaafer) and the third book "The Red Poppy" (Shaghaayegh) were published by Amazon.com in 2014, and 2018, respectively. Her penname is Khaavardokht.

The present collection, "The Mirror" (Ayeneh) is a selection of her poems that have been mostly written in the last few years.